초등영어 쓰기독립

문장 쓰기 1

Sentence Pattern

2 단계

재능많은
영어연구소
지음

휴먼
어린이

초등영어 쓰기독립 2단계
"33일만 따라 하면 문장 쓰기가 된다!"

문장 쓰기 1 구성

 문장의 규칙, 문장 패턴으로 영어 문장 쓰기

문법을 배우고 문장을 이해한다고 해서 바로 문장을 쓸 수 있는 것은 아닙니다. 문장은 단어 규칙, 단어의 순서뿐만 아니라 상황에 맞는 의미와 표현을 포함하기 때문입니다. 그래서 쉽게 쓰기 위해서는 자주 쓰이는 문장의 패턴으로 시작하는 게 좋습니다. 반복되는 문장 패턴에 단어를 바꿔 쓰는 연습을 통해 쓰기의 자신감과 능력을 높일 수 있습니다.

2 문장 쓰기가 확장되는 구성

기본 문장 패턴과 초등 기초 단어들을 함께 연습하고 이것에서 변형된 패턴으로 확장하여 문장을 비교하며 쓰다 보면 문장 구조와 어순에 대한 기본기가 자연스럽게 형성됩니다.

 3단계의 문장 쓰기가 글 한 편으로 연결

〈1단계 문장 패턴과 기초 단어 쓰기 → 2단계 단어 확장과 문장 조합하기 → 3단계 문장 패턴 확장 쓰기〉로 쓰기를 훈련하면 글 한 편을 만들 수 있습니다. 그리고 글 한 편을 다르게 다시 쓸 수 있습니다.

패턴, 단어 쓰기	문장으로 확인	문장 패턴 확장	글쓰기
대표 패턴과 기본 초등 영단어 따라쓰기	단어 확장과 문장으로 조합하기	기본 패턴과 확장된 패턴 비교하며 쓰기	연습한 문장들로 글 한 편 구성

이렇게 만들었어요!

 매일매일 쓰기독립! 자연스럽게 이루어지는 학습계획

부담 없는 하루 학습량과 명확하고 목표에 맞는 학습 계획으로 즐거운 집중이 이루어져 즉각적으로 문장을 쓸 수 있어요.

초등영어 쓰기독립 2단계 - 문장 쓰기 1, 2					
학습일		**1권**	**학습일**		**2권**
1일		Unit 01	1일		Unit 01
2일		Unit 02	2일		Unit 02 / **Review**
3일	1	Unit 03	3일	1	Unit 03
4일		Unit 04	4일		Unit 04 / **Review**
		Review			
5일		Unit 05	5일		Unit 05
6일		Unit 06	6일		Unit 06 / **Review**
7일	2	Unit 07	7일	2	Unit 07
8일		Unit 08	8일		Unit 08 / **Review**
		Review			
9일		Unit 09	9일		Unit 09
10일	3	Unit 10	10일	3	Unit 10 / **Review**
11일		Unit 11	11일		Unit 11
		Review	12일		Unit 12 / **Review**
12일		Unit 12	13일		Unit 13
13일	4	Unit 13	14일	4	Unit 14 / **Review**
14일		Unit 14	15일		Unit 15
		Review	16일		Unit 16 / **Review**
15일		Unit 15			
16일	5	Unit 16			
17일		Unit 17			
		Review			

초등영어 쓰기독립 2단계

문장 쓰기 1 특징

1 문장 패턴 이해하기

문법 규칙과 함께 문장 쓰기의 도우미, 문장 패턴을 먼저 만나 보세요.
이미지의 상황에 어울리는 문장을 써 보며 의미 짝짓기, 의미 쓰기로
자연스럽게 연결할 수 있어요.

QR코드를 찍으면 오늘 배운 내용을
원어민의 정확한 발음으로 들을 수 있어요!

그림을 보며 단어를 써 보며 문장에 어떻게 바꿔 넣을지
궁리해 보는 이 부분이 시작점입니다.

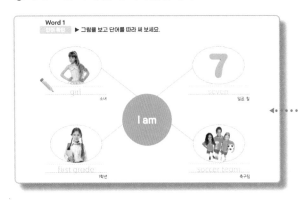

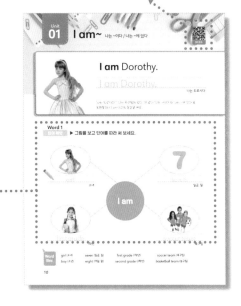

2 단어 규칙을 바로바로 문장으로 연습하기

문장 패턴에 어울리는 단어들의 규칙을 배우고 바로 아래에서 우리말에 해당되는 문장에 단어
바꿔 쓰기로 영어 문장을 직접 써 보세요.

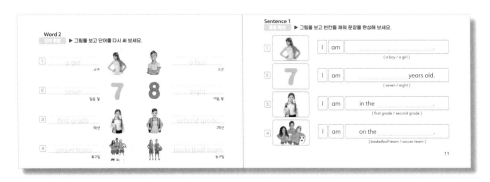

이렇게
배워요!

3 확장 문장 훈련하기

기본 문장과 확장된 문장을 비교해서 연습해요. 기본 문장이 확장되는 포인트를 의미와 형태로
훈련하여 문장 응용력을 높일 수 있어요. 그리고 하나의 주제로 글쓰기가 가능해요.

4 총정리 - 누적 반복 훈련

단어를 보고 문장을 완성하거나 주어진 단어로 문장을 배열하고 의미에 맞게 문장을 연결하여
따라 써 보며 문장 쓰기로 마무리할 수 있어요.

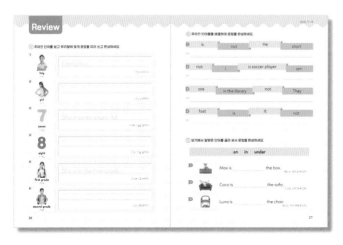

초등영어
3단계만 따라 하면
쓰기독립이 된다!

하루 15분

1단계
기초 문법

영문법 스타터 1, 2

2단계
문장 쓰기

문장쓰기 1, 2

3단계
긴 글 쓰기

글쓰기 스타터

1단계 | **영문법 스타터 1, 2** | 42일만 따라 하면 문법이 보인다

기초 문법

문법 규칙 1
명사·대명사·동사

문법 규칙 2
명사·형용사·부사
동사·의문사

기초 문법으로 문장 쓰기!
초등 영문법 학습

문법 규칙·품사 1

규칙 변화

규칙으로 문장 조립

문장 쓰기

1단계 문법 이해하고 문장 쓰기

문법 규칙·품사 2

규칙 변화와 확장

규칙으로 문장 조립

문장 쓰기

1단계 문법 이해하고 문장 쓰기

문장 쓰기 1, 2 33일만 따라 하면 문장 쓰기가 된다

문장 쓰기

문장 연습 1
문장 패턴

문장 연습 2
문장 구조

문장 패턴

주제 단어

문장 쓰기

짧은 글 바꿔 쓰기

2단계 초등 문장 패턴 익히기

문장 구조

동사·자주 쓰는 단어

문장 쓰기

짧은 글 바꿔 쓰기

2단계 문장 구조 이해하고 쓰기

한 문장에서 짧은 글쓰기까지!
필수 문장 패턴과 문장 구조로 쓰기

글쓰기 스타터 20일만 따라 하면 긴 글 쓰기가 된다

긴 글 쓰기

쓰기 첫 독립
주제별 글쓰기

주제별 글 읽기

핵심 문장 파악

문장 바꿔 쓰기

자기 글쓰기

3단계 스스로 글쓰기 도전!

이제 긴 글도 혼자서 척척!
초등 3, 4학년 주제 글쓰기

초등영어 쓰기독립 2단계
문장 쓰기 1

PART 1

I am~ 나는 ~이다 / 나는 ~에 있다

I am Dorothy.

I am Dorothy.

나는 도로시다.

'나는 도로시다.' '나는 축구팀에 있다.'와 같이 '나는 ~이다'와 '나는 ~에 있다'를 표현할 때 <I am~>으로 문장을 써요.

Word 1
단어 확인 ▶ 그림을 보고 단어를 따라 써 보세요.

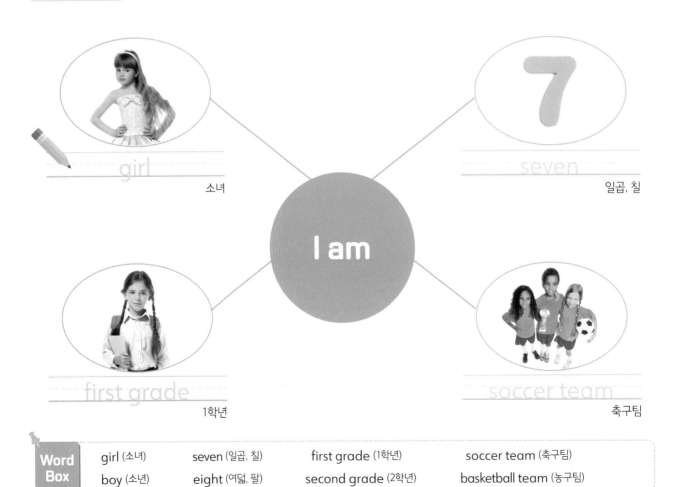

girl
소녀

seven
일곱, 칠

I am

first grade
1학년

soccer team
축구팀

Word Box	girl (소녀)	seven (일곱, 칠)	first grade (1학년)	soccer team (축구팀)
	boy (소년)	eight (여덟, 팔)	second grade (2학년)	basketball team (농구팀)

Word 2

단어 확장 ▶ 그림을 보고 단어를 다시 써 보세요.

1 a girl
소녀

a boy
소년

2 seven
일곱, 칠

eight
여덟, 팔

3 first grade
1학년

second grade
2학년

4 soccer team
축구팀

basketball team
농구팀

Sentence 1

문장 확인 ▶ 그림을 보고 빈칸을 채워 문장을 완성해 보세요.

1 I am _____ .
(a boy / a girl)

2 I am _____ years old.
(seven / eight)

3 I am in the _____ .
(first grade / second grade)

4 I am on the _____ .
(basketball team / soccer team)

누가?

I am Dorothy.

나는 도로시다.

She is ➡ **She is** Dorothy.

그녀는 도로시다.

She is~

그녀는 ~이다 / ~에 있다

'그(그녀)는 ~이다(있다)'는 He/She is~로 쓰고
'너는(우리는/그들은) ~이다'는 You/We/They are~로 표현해요.

1 누가? **I am** a boy.

나는 소년이다.

He is ➡

그는 소년이다.

2 누가? **I am** nine years old.

나는 아홉 살이다.

You are ➡

너는 아홉 살이다.

3 누가? **I am** in the first grade.

나는 1학년이다.

We are ➡

우리는 1학년이다.

4 누가? **I am** on the basketball team.

나는 농구팀에 있다.

They are ➡

그들은 농구팀에 있다.

I am Dorothy.

나는 도로시다.

I am a girl.

나는 소녀이다.

I am seven years old.

나는 일곱 살이다.

I am in the first grade.

나는 1학년이다.

I am on the basketball team.

나는 농구팀에 있다.

바꿔 써 보기

윗글을 참조하여 전체 글을 써 보세요.

Word Box

• a boy

• on the soccer team

• eight years old

• in the second grade

He is Jack.

그는 잭이다.

He

그는 소년이다.

He

그는 여덟 살이다.

He

그는 2학년이다.

He

그는 축구팀에 있다.

I am not~ 나는 ~가 아니다 / 나는 ~에 없다

I am not happy.

I am not happy.

나는 행복하지 않다.

'나는 행복하지 않다.' '나는 도서관에 없다.'와 같이 '나는 ~아니다'와 '나는 ~에 없다'를
표현할 때 〈I am not~〉으로 문장을 써요.

Word 1
단어 확인 ▶ 그림을 보고 단어를 따라 써 보세요.

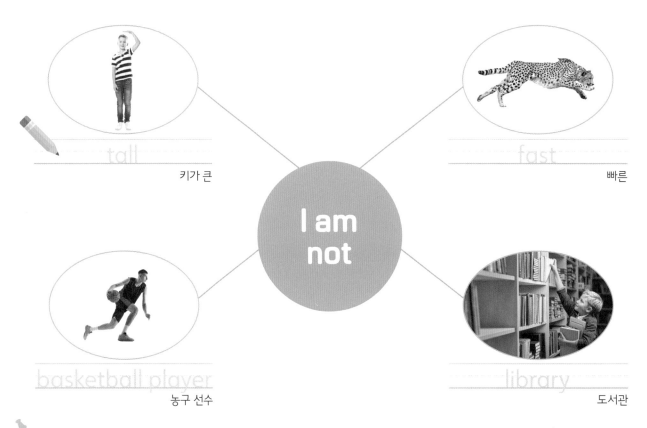

tall
키가 큰

fast
빠른

I am
not

basketball player
농구 선수

library
도서관

Word Box	tall (키가 큰)	fast (빠른)	basketball player (농구 선수)	library (도서관)
	short (키가 작은)	slow (느린)	soccer player (축구 선수)	classroom (교실)

Word 2

▶ 그림을 보고 단어를 다시 써 보세요.

1. tall
키가 큰

short
키가 작은

2. fast
빠른

slow
느린

3. basketball player
농구 선수

soccer player
축구 선수

4. library
도서관

classroom
교실

Sentence 1

문장 확인 ▶ 그림을 보고 빈칸을 채워 문장을 완성해 보세요.

1. | I | am | not | _____ . |

(tall / short)

2. | I | am | ____ | _____ . |

(slow / fast)

3. | I | am | ____ | _____ . |

(a soccer player / a basketball player)

4. | I | am | ____ | in the _____ . |

(library / classroom)

15

누가?

I am not happy.

나는 행복하지 않다.

She is ➡ **She is not** happy.

그녀는 행복하지 않다.

She is not~
그녀는 ~아니다 / ~에 없다

'그는(그녀는) ~아니다(없다)'는 He/She is not~으로 쓰고
'너는(우리는/그들은) ~아니다(없다)'는 You/We/They are not~으로 표현해요.

---

1 누가?

I am not short.

나는 키가 작지 않다.

He is ➡

그는 키가 작지 않다.

---

2 누가?

I am not slow.

나는 느리지 않다.

We are ➡

우리는 느리지 않다.

---

3 누가?

I am not a soccer player.

나는 축구 선수가 아니다.

You are ➡

너는 축구 선수가 아니다.

---

4 누가?

I am not in the classroom.

나는 교실에 없다.

They are ➡

그들은 교실에 없다.

16

I Can Write
▶ 앞에서 배운 것을 복습하는 코너예요.
글을 읽고 따라 써 보고 아랫글도 완성해 보세요.

I am not happy.

나는 행복하지 않다.

I am not short.

나는 키가 작지 않다.

I am not slow.

나는 느리지 않다.

I am not a soccer player.

나는 축구 선수가 아니다.

I am not in the classroom.

나는 교실에 없다.

바꿔 써 보기

윗글을 참조하여 전체 글을 써 보세요.

Word Box

• not in the library

• not fast

• not tall

• not a basketball player

She is not happy.

그녀는 행복하지 않다.

She

그녀는 키가 크지 않다.

She

그녀는 빠르지 않다.

She

그녀는 농구 선수가 아니다.

She

그녀는 도서관에 없다.

is in/on/under
~안에 / ~위에 / ~아래에 있다

QR코드

Max **is in** the bag.

Max is in the bag.

맥스는 가방 안에 있다.

in, on, under는 사람, 동물 또는 물건이 어디에 있는지 나타낼 때 써요.
in은 '~안에', on은 '~위에', under는 '~아래에'라는 뜻이에요.

Word 1
단어 확인 ▶ 그림을 보고 단어를 따라 써 보세요.

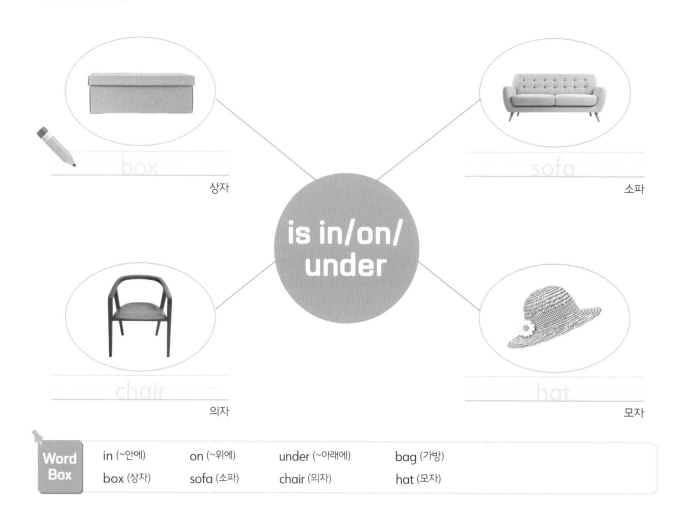

box
상자

sofa
소파

chair
의자

is in/on/under

hat
모자

Word Box	in (~안에)	on (~위에)	under (~아래에)	bag (가방)
	box (상자)	sofa (소파)	chair (의자)	hat (모자)

Word 2

▶ 그림을 보고 우리말에 맞게 단어를 다시 써 보세요.

1 box ➡ in the box

상자 안에

2 sofa ➡ on the sofa

소파 위에

3 chair ➡ under the chair

의자 아래에

4 hat ➡ in the hat

모자 안에

Sentence 1

문장 확인 ▶ 그림을 보고 빈칸을 채워 문장을 완성해 보세요.

1 | It | is | _____ (in / on) | the bag.

2 | It | is | _____ (in / on) | _____ .

3 | It | is | _____ (on / under) | _____ .

4 | It | is | _____ (in / under) | _____ .

19

QR코드

어디에?

Max **is in** the bag.
맥스는 가방 안에 있다.

~위에 ➡ Max **is on** the bag.

맥스는 가방 위에 있다.

is + in/on/under

~안에 / ~위에 / ~아래에 있다

<am/are/is + in/on/under>를 써서 '~안에/위에/아래에 있다'라는 뜻을 나타내요.

[1] 어디에?

Max **is on** the box.
맥스는 상자 위에 있다.

~안에 ➡

맥스는 상자 안에 있다.

[2] 어디에?

Coco **is under** the sofa.
코코는 소파 아래에 있다.

~위에 ➡

코코는 소파 위에 있다.

[3] 어디에?

Max **is on** the chair.
맥스는 의자 위에 있다.

~아래에 ➡

맥스는 의자 아래에 있다.

[4] 어디에?

Luna **is in** the hat.
루나는 모자 안에 있다.

~위에 ➡

루나는 모자 위에 있다.

I have three cats, Max, Coco, and Luna.

나는 맥스, 코코, 그리고 루나라는 세 마리 고양이가 있다.

Max is on the box.

맥스는 상자 위에 있다.

Coco is under the sofa.

코코는 소파 아래에 있다.

Luna is in the bag.

루나는 가방 안에 있다.

They all like to be with me.

그들은 모두 나와 함께 있는 것을 좋아한다.

바꿔 써 보기

윗글을 참조하여 전체 글을 써 보세요.

Word Box

- in the box

- on the sofa

- under the chair

- with me

I have three cats, Max, Coco, and Luna.

나는 맥스, 코코, 그리고 루나라는 세 마리 고양이가 있다.

Max

맥스는 상자 안에 있다.

Coco

코코는 의자 아래에 있다.

Luna

루나는 소파 위에 있다.

They all like to be

그들은 모두 나와 함께 있는 것을 좋아한다.

21

Are you~? 너는 ~이니? / 너는 ~에 있니?

QR코드

Are you Max?

~~Are you Max?~~

네가 맥스이니?

'~이니?'와 '~에 있니?'라고 물을 때 〈Are you/they/we~?〉, 〈Is he/she/it~?〉으로 be동사인 Are, Is를 앞에 써요.

Word 1

단어 확인 ▶ 그림을 보고 단어를 따라 써 보세요.

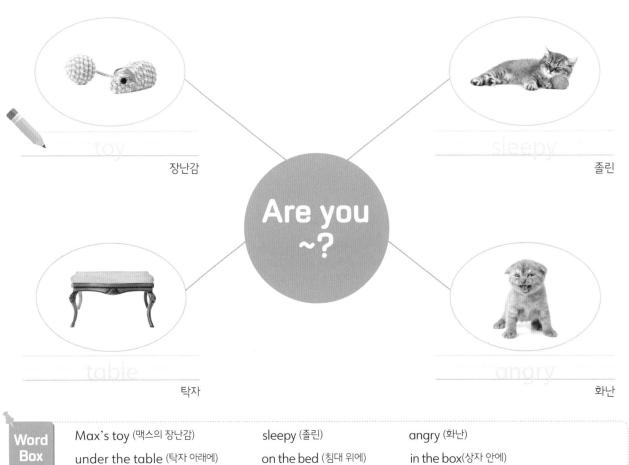

toy
장난감

sleepy
졸린

Are you ~?

table
탁자

angry
화난

Word Box	Max's toy (맥스의 장난감)	sleepy (졸린)	angry (화난)
	under the table (탁자 아래에)	on the bed (침대 위에)	in the box (상자 안에)

Word 2

단어 확장 ▶ 우리말에 맞게 문장을 완성해 보세요.

1. It is Max's toy.

   ___Is it___ Max's toy?

   그것은 맥스의 장난감이니?

2. You are sleepy.

   _____ sleepy?

   너는 졸리니?

3. He is angry.

   _____ angry?

   그는 화났니?

4. She is under the table.

   _____ under the table?

   그녀는 탁자 아래에 있니?

Sentence 1

문장 확인 ▶ 그림을 보고 빈칸을 채워 문장을 완성해 보세요.

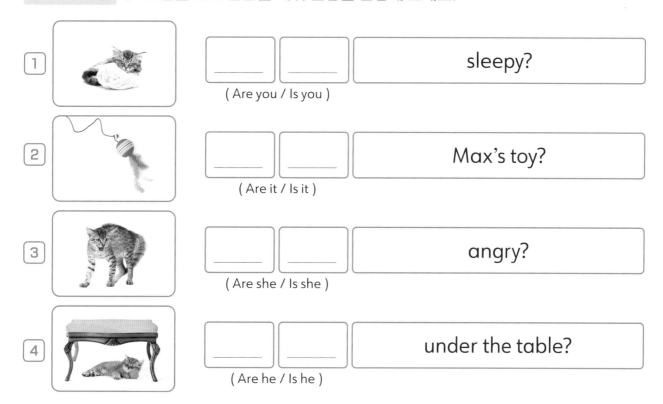

1. _____ _____ sleepy?
   (Are you / Is you)

2. _____ _____ Max's toy?
   (Are it / Is it)

3. _____ _____ angry?
   (Are she / Is she)

4. _____ _____ under the table?
   (Are he / Is he)

QR코드

누가?

Are you Max?

네가 맥스이니?

He ➡ **Is he** Max?

그가 맥스이니?

Is he~?

그는 ~이니? / 그는 ~에 있니?

'~이니?, ~에 있니?'라고 물을 때 <Is/Are + 주어~?>로 표현해요.

---

1 누가?

Are you on the bed?

너는 침대 위에 있니?

It ➡

그것은 침대 위에 있니?

---

2 누가?

Are you sleepy?

너는 졸리니?

She ➡

그녀는 졸리니?

---

3 누가?

Are you under the table?

너는 탁자 아래에 있니?

He ➡

그는 탁자 아래에 있니?

---

4 누가?

Is it Max's toy?

그것은 맥스의 장난감이니?

They ➡

Max's toys?

그것들은 맥스의 장난감이니?

24

Where is Luna?

루나는 어디에 있니?

Is she on the bed?

그녀는 침대 위에 있니?

Is she under the table?

그녀는 탁자 아래에 있니?

Is she sleepy?

그녀는 졸리니?

What is it? Is it Luna's toy?

그것은 무엇이니? 그것은 루나의 장난감이니?

바꿔 써 보기

윗글을 참조하여 전체 글을 써 보세요.

Word Box

- **Are they**

- **on the sofa**

- **under the chair**

- **in the box**

Where is Max?

맥스는 어디에 있니?

he

그는 상자 안에 있니?

he

그는 의자 아래에 있니?

he

그는 소파 위에 있니?

What are they?   Max's toys?

그것들은 무엇이니? 그것들은 맥스의 장난감이니?

Review

A 주어진 단어를 보고 우리말에 맞게 문장을 따라 쓰고 완성하세요.

1
boy
소년

I am a boy.

나는 소년이다.

2
girl
소녀

나는 소녀이다.

3
7
seven
7, 일곱

She is seven years old.

그녀는 일곱 살이다.

4
8
eight
8, 여덟

그는 여덟 살이다.

5
first grade
1학년

She is in the first grade.

그녀는 1학년이다.

6
second grade
2학년

그는 2학년이다.

26

Ⓑ 주어진 단어들을 배열하여 문장을 완성하세요.

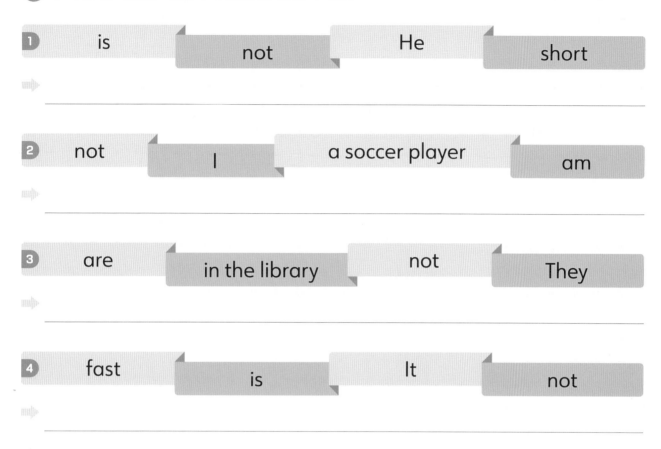

1 is   not   He   short

➡ _____

2 not   I   a soccer player   am

➡ _____

3 are   in the library   not   They

➡ _____

4 fast   is   It   not

➡ _____

Ⓒ 보기에서 알맞은 단어를 골라 써서 문장을 완성하세요.

on   in   under

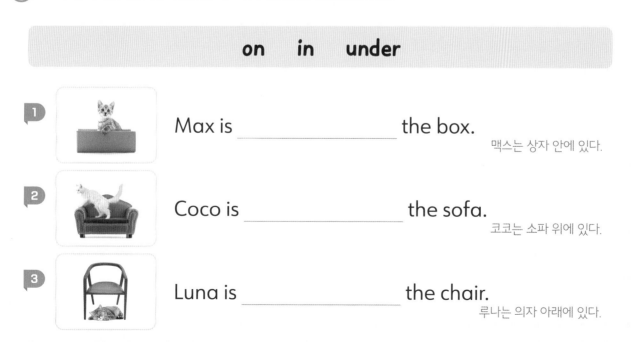

1 Max is _____ the box.

맥스는 상자 안에 있다.

2 Coco is _____ the sofa.

코코는 소파 위에 있다.

3 Luna is _____ the chair.

루나는 의자 아래에 있다.

D 우리말에 맞게 연결하고 문장을 다시 써 보세요.

1 **Are you**
너는 ~있니

2 **Is he**
그는 ~이니

3 **Is she**
그녀는 ~이니

4 **Is it**
그것은 ~이니

5 **Are they**
그것들은 ~이니

Max's toys?
맥스의 장난감들?

Max?
맥스?

on the bed?
침대 위에?

a toy?
장난감?

Alice?
앨리스?

문장을 다시 써 보세요.

1 Are you on the bed?

2

3

4

5

PART 2

I do~ 나는 ~한다

I drink milk.

I drink milk.

나는 우유를 마신다.

평소에 하는 일을 말할 때는 <I/We/You/They + 동사~>로 쓰지만
He, She, It일 때는 drink → drinks처럼 <동사 + (e)s>로 써요.

Word 1
단어 확인 ▶ 그림을 보고 단어를 따라 써 보세요.

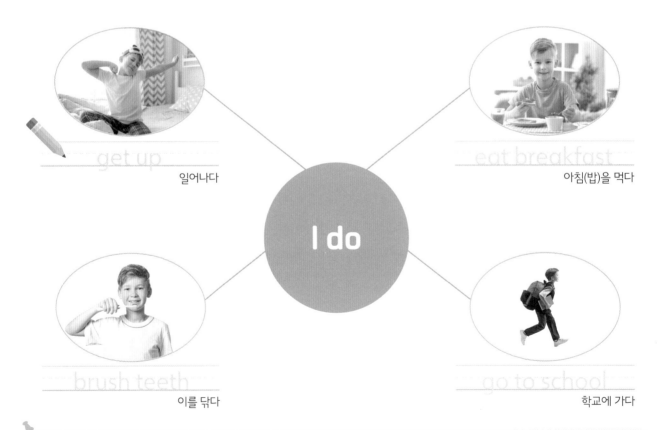

get up
일어나다

eat breakfast
아침(밥)을 먹다

I do

brush teeth
이를 닦다

go to school
학교에 가다

Word Box	get up (일어나다)	brush (닦다)	eat (먹다)	breakfast (아침밥, 아침 식사)
	to school (학교에)	early (일찍)	go (가다)	tooth (이, 치아 / 복수형: teeth)

Word 2

단어 확장 ▶ 문장 규칙에 맞게 단어를 다시 써 보세요.

	I		He / She
① get up	get up	➡	gets up 일어나다
② eat	eat breakfast	➡	eats breakfast 아침을 먹다
③ brush	brush teeth	➡	brushes teeth 이를 닦다
④ go	go to school	➡	goes to school 학교에 가다

Sentence 1

문장 확인 ▶ 그림을 보고 빈칸을 채워 문장을 완성해 보세요.

① He _____ early.
(get up / gets up)

② He _____ his teeth.
(brush / brushes)

③ He _____ breakfast.
(eat / eats)

④ He _____ to school.
(go / goes)

누가?

I drink milk.

나는 우유를 마신다.

She ➡ **She drinks** milk.

그녀는 우유를 마신다.

He does~

그는 ~한다

He, She, It 뒤에는 대부분 <동사s>로 쓰고 동사가 o, s, x, ch, sh로 끝나면
<go → goes>처럼 <동사es>로 써요.

---

1 누가? **I get up** at 7.

나는 7시에 일어난다.

He ➡

그는 7시에 일어난다.

---

2 누가? **I eat** breakfast at 7.

나는 7시에 아침을 먹는다.

We ➡

우리는 7시에 아침을 먹는다.

---

3 누가? **I brush** my teeth at 8.

나는 8시에 나의 이를 닦는다.

She ➡

그녀는 8시에 그녀의 이(her teeth)를 닦는다.

---

4 누가? **I go** to school at 8.

나는 8시에 학교에 간다.

They ➡

그들은 8시에 학교에 간다.

I am Jacob.

나는 제이콥이다.

I get up at 7.

나는 7시에 일어난다.

I eat breakfast every morning.

나는 매일 아침에 아침을 먹는다.

I brush my teeth.

나는 나의 이를 닦는다.

I go to school at 8.

나는 8시에 학교에 간다.

바꿔 써 보기   윗글을 참조하여 전체 글을 써 보세요.

Word Box

- drinks milk

- gets up

- brushes his teeth

- goes to school

Jacob is busy every morning.

제이콥은 매일 아침 바쁘다.

He _____ at 7.

그는 7시에 일어난다.

He _____ every morning.

그는 매일 아침에 우유를 마신다.

He _____

그는 그의 이를 닦는다.

He _____ at 8.

그는 8시에 학교에 간다.

33

I do not~ 나는 ~하지 않는다

I do not play soccer.

I do not play soccer.

나는 축구를 하지 않는다.

'나는 축구를 하지 않는다.'와 같이 평소에 하지 않는 것을 말할 때는
〈do not(don't) + 동사〉로 써요.

Word 1
단어 확인 ▶ 그림을 보고 단어를 따라 써 보세요.

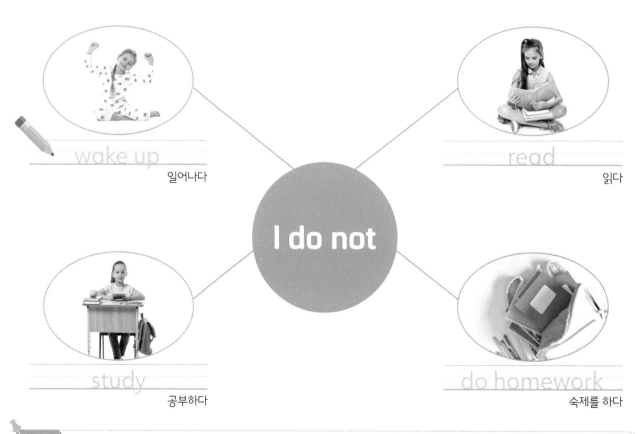

wake up
일어나다

read
읽다

I do not

study
공부하다

do homework
숙제를 하다

Word Box	read (읽다)	wake up (일어나다, 깨다)	homework (숙제)	do (하다)
	book (책)	on Sunday (일요일에)	study (공부하다)	do my homework (나의 숙제를 하다)

Word 2

단어 확장 ▶ 우리말에 맞게 단어를 다시 써 보세요.

I		I don't

1 wake up ➡ don't wake up

일어나지 않는다

2 read ➡ don't read

읽지 않는다

3 study ➡ don't study

공부하지 않는다

4 do ➡ don't do

하지 않는다

Sentence 1

문장 확인 ▶ 그림을 보고 don't을 써서 문장을 완성해 보세요.

1 I _____ early.
(wake up / read)

2 I _____ on Sunday.
(wake up / study)

3 I _____ books.
(wake up / read)

4 I _____ my homework.
(do / read)

▶ 보기처럼 주어진 단어로 문장을 바꿔 써 보세요.

QR코드

누가?　　　　　**I do not** drink milk.

나는 우유를 마시지 않는다.

Amy ➡ **Amy does not** drink milk.

에이미는 우유를 마시지 않는다.

He does not~

그는 ~하지 않는다

'~하지 않는다'라고 쓸 때 주어에 따라 다음과 같이 써야 해요.

I, You, We, They	do not(don't)
He, She, It	does not(doesn't)

---

1 누가?　　　　　**I do not** wake up early.

나는 일찍 일어나지 않는다.

He ➡

그는 일찍 일어나지 않는다.

---

2 누가?　　　　　**I do not** read books at night.

나는 밤에 책을 읽지 않는다.

She ➡

그녀는 밤에 책을 읽지 않는다.

---

3 누가?　　　　　**I do not** study on Sunday.

나는 일요일에 공부하지 않는다.

We ➡

우리는 일요일에 공부하지 않는다.

---

4 누가?　　　　　**I do not** do my homework on Sunday.

나는 일요일에 내 숙제를 하지 않는다.

They ➡

그들은 일요일에 그들의 숙제(their homework)를 하지 않는다.

Today is Sunday.

오늘은 일요일이다.

I do not wake up early.

나는 일찍 일어나지 않는다.

I do not do my homework.

나는 내 숙제를 하지 않는다.

I do not read books at night.

나는 밤에 책을 읽지 않는다.

I do not go to bed early.

나는 일찍 자지 않는다.

바꿔 써 보기

윗글을 참조하여 전체 글을 써 보세요.

Word Box

- eat breakfast

- go to bed

- study

- read books

Today is Saturday.

오늘은 토요일이다.

Anne   early.

앤은 일찍 아침을 먹지 않는다.

She

그녀는 공부하지 않는다.

She   at night.

그녀는 밤에 책을 읽지 않는다.

She   early.

그녀는 일찍 자지 않는다.

Do you~? 너는 ~하니?

QR코드

Do you want a fish?

Do you want a fish?

너는 물고기를 원하니?

'너는 물고기를 좋아하니?'처럼 물을 때는 문장 앞에 Do를 써요.

Word 1
단어 확인 ▶ 그림을 보고 단어를 따라 써 보세요.

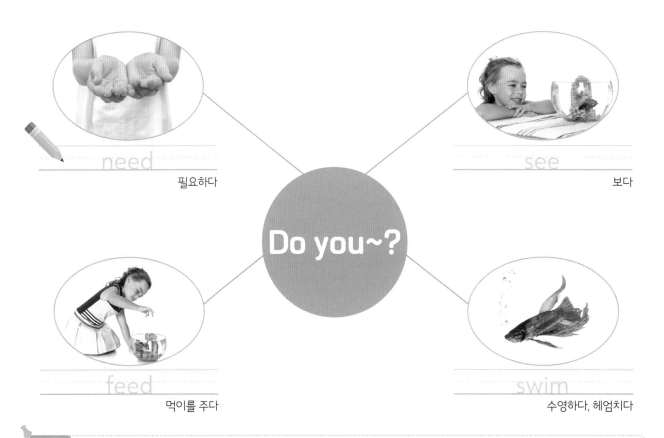

need
필요하다

see
보다

Do you~?

feed
먹이를 주다

swim
수영하다, 헤엄치다

Word Box	need (필요하다)	see (보다)	feed (먹이를 주다)	swim (수영하다, 헤엄치다)
	want (원하다)	fish (물고기)	fishbowl (어항)	pet (애완동물)

Word 2

▶ 우리말에 맞게 문장을 완성해 보세요.

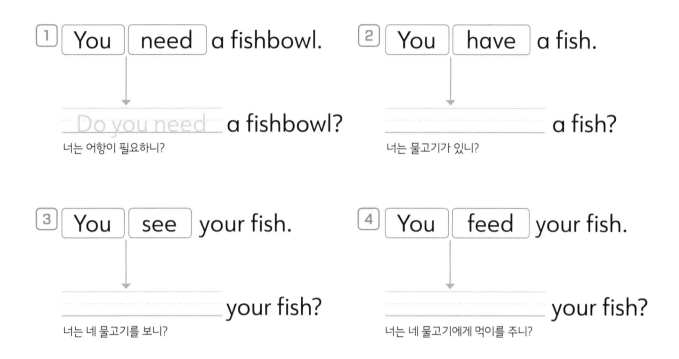

1. You need a fishbowl.

   ↓

   Do you need a fishbowl?
   너는 어항이 필요하니?

2. You have a fish.

   ↓

   _____ a fish?
   너는 물고기가 있니?

3. You see your fish.

   ↓

   _____ your fish?
   너는 네 물고기를 보니?

4. You feed your fish.

   ↓

   _____ your fish?
   너는 네 물고기에게 먹이를 주니?

Sentence 1

▶ 그림을 보고 빈칸을 채워 문장을 완성해 보세요.

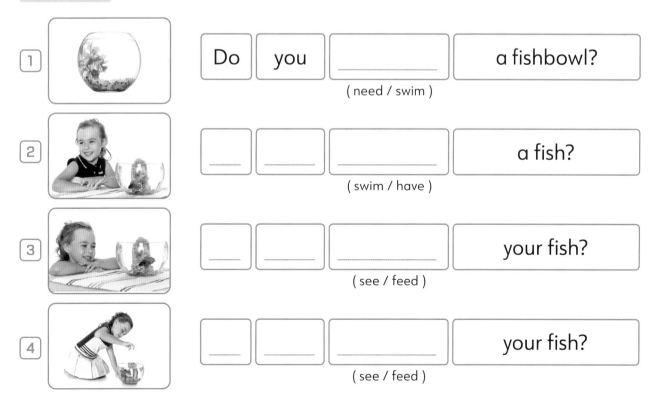

1. Do you _____ a fishbowl?
   (need / swim)

2. ____ ____ _____ a fish?
   (swim / have)

3. ____ ____ _____ your fish?
   (see / feed)

4. ____ ____ _____ your fish?
   (see / feed)

누가?

Do you want a fish?

너는 물고기를 원하니?

She ➡ **Does she** want a fish?

그녀는 물고기를 원하니?

Does he~?

그는 ~하니?

He, She, It은 문장 앞에 Does를 써서 <Does + he/she/it + 동사~?>로 써요.

---

1 누가?

Do you have a fish?

너는 물고기가 있니?

He ➡

그는 물고기가 있니?

---

2 누가?

Do you see your fish?

너는 네 물고기를 보니?

They ➡

그들은 그들의 물고기(their fish)를 보니?

---

3 누가?

Do you feed your fish?

너는 네 물고기에게 먹이를 주니?

She ➡

그녀는 그녀의 물고기(her fish)에게 먹이를 주니?

---

4 누가?

Do you swim?

너는 수영하니?

It ➡

그것은 수영하니?

I Can Write

Do you see a fish?

너는 물고기를 보니?

Do you have a fish?

너는 물고기가 있니?

Do you want a pet fish?

너는 애완 물고기를 원하니?

Do you want to feed it?

너는 그것에게 먹이를 주고 싶니?

Come and see these fish.

와서 이 물고기들을 봐.

바꿔 써 보기

윗글을 참조하여 전체 글을 써 보세요.

Word Box

- see a fish

- need a fishbowl

- feed it

- have a fish

- want a pet fish

Joy

조이는 물고기를 보니?

she

그녀는 물고기가 있니?

she

그녀는 애완 물고기를 원하니?

she

그녀는 어항이 필요하니?

she want to

그녀는 그것에게 먹이를 주고 싶어하니?

41

I am a singer.

나는 가수이다.

I sing a song.

나는 노래를 부른다.

am/are/is의 be동사와 일반동사는 의미에 따라 구별해서 써요.

Word 1
단어 확인 ▶ 그림을 보고 단어를 따라 써 보세요.

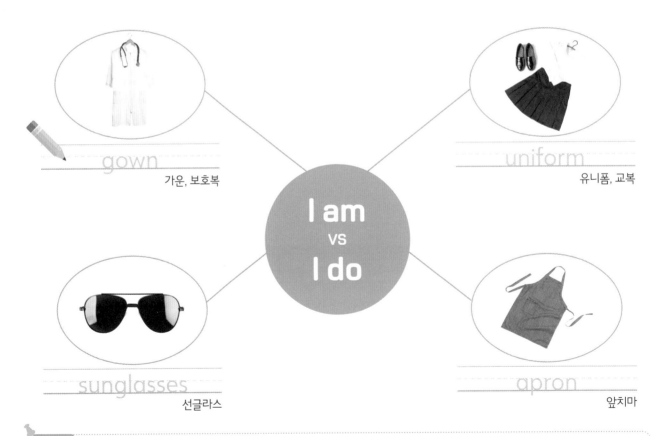

gown
가운, 보호복

uniform
유니폼, 교복

I am
vs
I do

sunglasses
선글라스

apron
앞치마

Word Box	gown (가운, 보호복)	uniform (유니폼, 교복)	sunglasses (선글라스)	apron (앞치마)
	doctor (의사)	student (학생)	pilot (조종사)	cook (요리사, 요리하다)

Word 2

단어 확장 ▶ 우리말에 맞게 문장을 완성해 보세요.

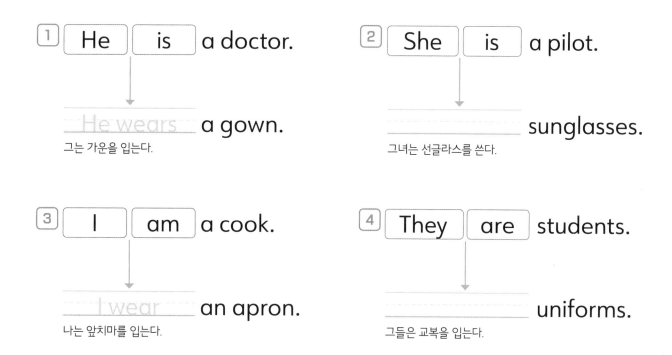

1. [He] [is] a doctor.

↓

~~He wears~~ a gown.
그는 가운을 입는다.

2. [She] [is] a pilot.

↓

_____ sunglasses.
그녀는 선글라스를 쓴다.

3. [I] [am] a cook.

↓

~~I wear~~ an apron.
나는 앞치마를 입는다.

4. [They] [are] students.

↓

_____ uniforms.
그들은 교복을 입는다.

Sentence 1

문장 확인 ▶ 그림을 보고 빈칸을 채워 문장을 완성해 보세요.

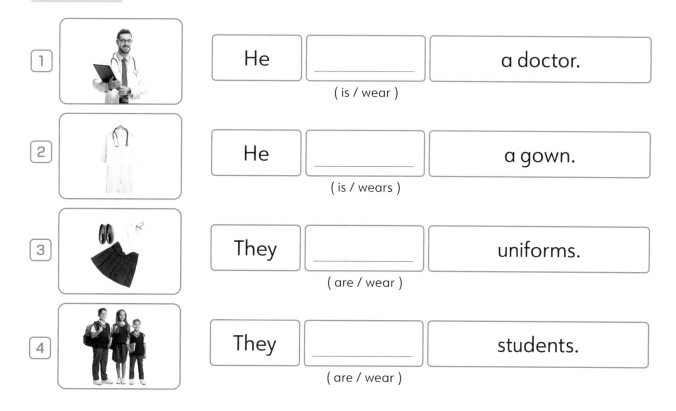

1. He _____ a doctor.
(is / wear)

2. He _____ a gown.
(is / wears)

3. They _____ uniforms.
(are / wear)

4. They _____ students.
(are / wear)

43

동사

I am a singer.

나는 가수이다.

am / sing ➡ **I sing** a song.

나는 노래를 부른다.

He is~
vs He does~

Be동사는 '~이다, ~에 있다'라는 뜻이고, 일반동사는 '~하다'라는 의미로
동작을 나타내는 것은 일반동사를 써요.

---

1 동사 **He** _____ a gown. 그는 가운을 입는다.

is / wear ➡ **He** _____ a doctor.

그는 의사이다.

2 동사 **She** _____ a cook. 그녀는 요리사이다.

is / wear ➡ **She** _____ an apron.

그녀는 앞치마를 입는다.

3 동사 **I** _____ a pilot. 나는 조종사이다.

am / wear ➡ **I** _____ sunglasses.

나는 선글라스를 쓴다.

4 동사 **They** _____ uniforms. 그들은 교복을 입는다.

are / wear ➡ **They** _____ students.

그들은 학생이다.

I am a cook.

나는 요리사이다.

I wear an apron.

나는 앞치마를 한다.

Jack is a student.

잭은 학생이다.

He wears a uniform.

그는 교복을 입는다.

We wear glasses.

우리는 안경을 쓴다.

바꿔 써 보기

윗글을 참조하여 전체 글을 써 보세요.

Word Box

- is a doctor

- is a police officer

- wears a hat

- wears a gown

- help people

Joy

조이는 가운을 입는다.

She

그녀는 의사이다.

Matt

매트는 경찰관이다.

He

그는 모자를 쓴다.

They

그들은 사람들을 돕는다.

Review

A 주어진 단어를 보고 우리말에 맞게 문장을 따라 쓰고 완성하세요.

1 drink
마시다

I drink milk.

나는 우유를 마신다.

2 eat
먹다

breakfast.

그는 아침을 먹는다.

3 brush
닦다

I brush my teeth.

나는 나의 이를 닦는다.

4 get up
일어나다

early.

그는 일찍 일어난다.

5 go
가다

I go to school.

나는 학교에 간다.

6 play
하다

soccer.

그녀는 축구를 한다.

B 다음 주어진 단어들을 배열하여 문장을 완성하세요.

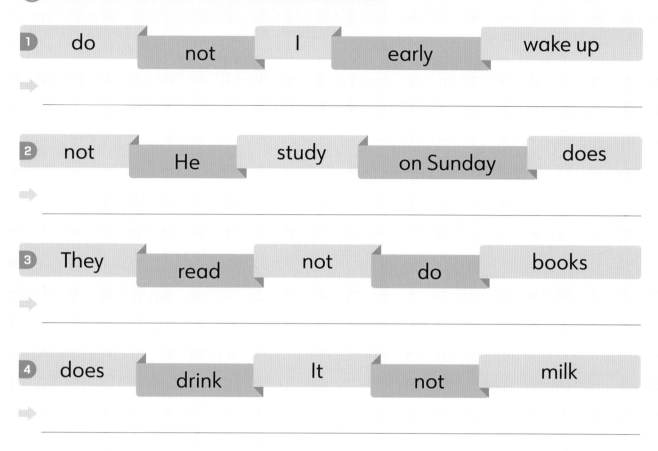

1 do | not | I | early | wake up

➡ _____

2 not | He | study | on Sunday | does

➡ _____

3 They | read | not | do | books

➡ _____

4 does | drink | It | not | milk

➡ _____

C 보기에서 알맞은 단어를 골라 써서 문장을 완성하세요.

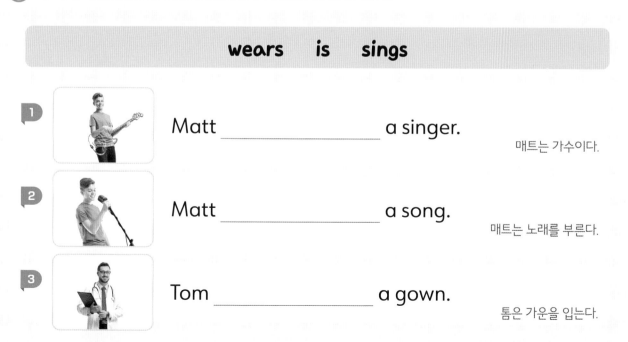

wears   is   sings

1 Matt _____ a singer.

매트는 가수이다.

2 Matt _____ a song.

매트는 노래를 부른다.

3 Tom _____ a gown.

톰은 가운을 입는다.

ⓓ 우리말에 맞게 연결하고 문장을 다시 써 보세요.

1 He is
그는 ~이다

2 He wears
그는 입는다

3 Does she
그녀는 ~하니

4 I do not
나는 ~(하지) 않는다

5 He does not
그는 ~(하지) 않는다

want a fish?
물고기를 원하니?

drink milk.
우유를 마신다.

a cook.
요리사.

an apron.
앞치마.

do my homework.
내 숙제를 한다.

문장을 다시 써 보세요.

1 He is a cook.

2

3

4

5

PART
3

I am -ing~ 나는 ~하고 있다

I am reading a book.

I am reading a book.

나는 책을 읽고 있다.

'나는 책을 읽고 있다.'처럼 지금 하고 있는 일은 〈am/are/is + 동사ing〉로 써요.

Word 1
단어 확인 ▶ 그림을 보고 단어를 따라 써 보세요.

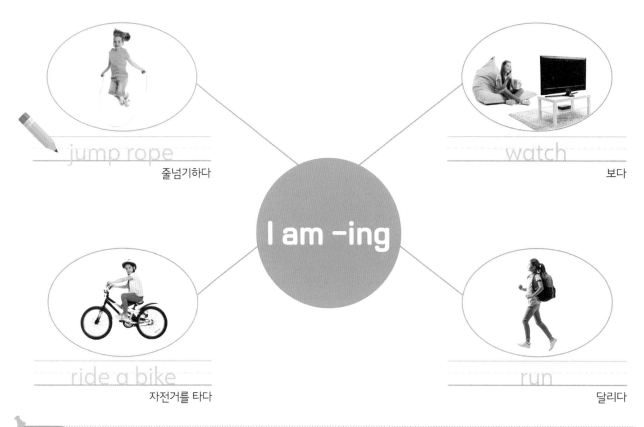

jump rope
줄넘기하다

watch
보다

I am -ing

ride a bike
자전거를 타다

run
달리다

Word Box			
jump (점프하다)	watch (보다)	ride (타다)	TV (티비, 텔레비전)
rope (밧줄)	bike (자전거)	run (뛰다, 달리다)	in the park (공원에서)

Word 2

단어 확장 ▶ 우리말에 맞게 단어를 다시 써 보세요.

1 jump ➡ I am jumping

나는 점프하고 있다

2 watch ➡ I am watching

나는 보고 있다

3 ride ➡ I am riding

나는 타고 있다

4 run ➡ I am running

나는 뛰고 있다

Sentence 1

문장 확인 ▶ 그림을 보고 빈칸을 채워 문장을 완성해 보세요.

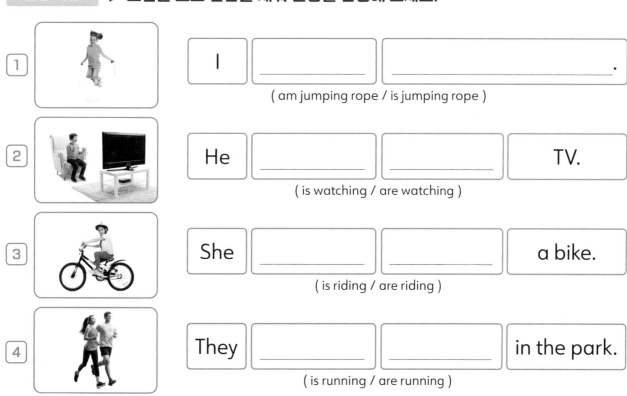

1 I _____ _____ .

(am jumping rope / is jumping rope)

2 He _____ _____ TV.

(is watching / are watching)

3 She _____ _____ a bike.

(is riding / are riding)

4 They _____ _____ in the park.

(is running / are running)

누가?   I **am** read**ing** a book.   나는 책을 읽고 있다.

She   ➡ | **She is** read**ing** a book. |

그녀는 책을 읽고 있다.

He is -ing~
그는 ~하고 있다

대부분은 be동사 다음에 -ing를 붙여 <동사ing>로 쓰지만 ride → riding처럼
동사 끝의 e를 삭제하거나 run → running처럼 동사의 자음을 한 번 더 쓰는 것도 있어요.

1 누가?   **I am** jump**ing** rope.   나는 줄넘기를 하고 있다.

He   ➡ | |

그는 줄넘기를 하고 있다.

2 누가?   **I am** watch**ing** TV.   나는 TV를 보고 있다.

We   ➡ | |

우리는 TV를 보고 있다.

3 누가?   **I am** rid**ing** a bike.   나는 자전거를 타고 있다.

She   ➡ | |

그녀는 자전거를 타고 있다.

4 누가?   **I am** run**ning** in the park.   나는 공원에서 뛰고 있다.

They   ➡ | |

그들은 공원에서 뛰고 있다.

I Can Write

My family is in the park.

내 가족은 공원에 있다.

I am riding a bike.

나는 자전거를 타고 있다.

Mom is walking.

엄마는 걷고 있다.

Dad is running.

아빠는 달리고 있다.

We are having a great time.

우리는 멋진 시간을 보내고 있다.

바꿔 써 보기

윗글을 참조하여 전체 글을 써 보세요.

Word Box

- is jumping rope

- is watching TV

- is reading a book

- are making noise

My friends are at home.

내 친구들은 집에 있다.

Mary

메리는 TV를 보고 있다.

Matt

매트는 책을 읽고 있다.

Jack

잭은 줄넘기를 하고 있다.

They

그들은 소음을 만들고 있다.

I am not -ing~ 나는 ~하고 있지 않다

QR코드

I am **not** sleep**ing**.

I am not sleeping.

나는 자고 있지 않다.

'~하고 있지 않다'라고 말할 때 〈am/are/is + not + 동사ing〉로,
be동사인 am, are, is 다음에 not을 써요.

Word 1

단어 확인 ▶ 그림을 보고 단어를 따라 써 보세요.

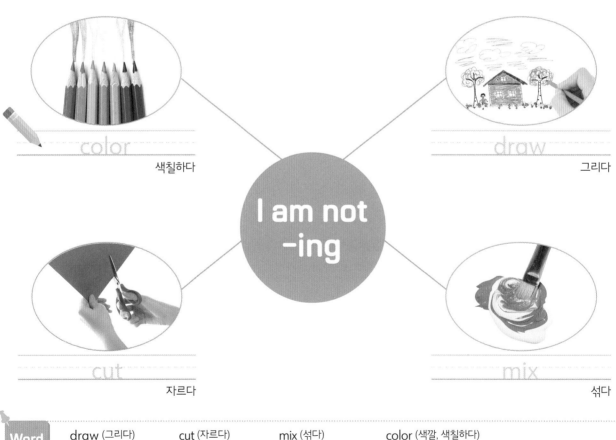

color
색칠하다

draw
그리다

**I am not
-ing**

cut
자르다

mix
섞다

Word Box			
draw (그리다)	cut (자르다)	mix (섞다)	color (색깔, 색칠하다)
robot (로봇)	paper (종이)	picture (그림)	sleep (자다)

Word 2

▶ 우리말에 맞게 문장을 완성해 보세요.

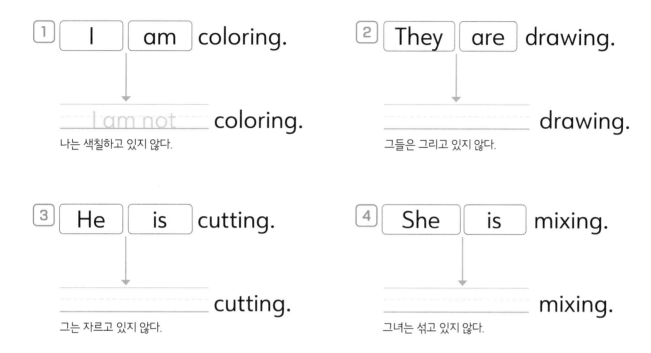

1. I | am | coloring.
   <u>I am not</u> coloring.
   나는 색칠하고 있지 않다.

2. They | are | drawing.
   _____ drawing.
   그들은 그리고 있지 않다.

3. He | is | cutting.
   _____ cutting.
   그는 자르고 있지 않다.

4. She | is | mixing.
   _____ mixing.
   그녀는 섞고 있지 않다.

Sentence 1

▶ 그림을 보고 not을 써서 문장을 완성해 보세요.

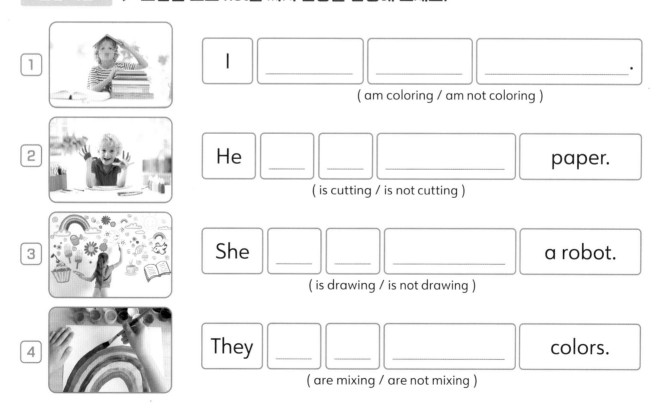

1. I _____ _____ _____ .
   (am coloring / am not coloring)

2. He _____ _____ _____ paper.
   (is cutting / is not cutting)

3. She _____ _____ _____ a robot.
   (is drawing / is not drawing)

4. They _____ _____ _____ colors.
   (are mixing / are not mixing)

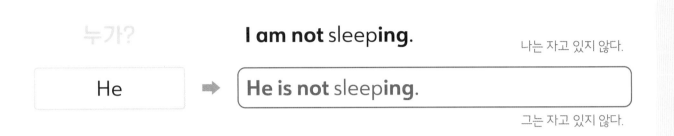

누가?   **I am not** sleep**ing**.   나는 자고 있지 않다.

He ➡ **He is not** sleep**ing**.

그는 자고 있지 않다.

He is not -ing~

그는 ~하고 있지 않다

are not은 aren't로, is not은 isn't로 줄여서 쓸 수 있어요.

---

1 누가?   **I am not** color**ing**.   나는 색칠하고 있지 않다.

You ➡

너는 색칠하고 있지 않다.

---

2 누가?   **I am not** draw**ing** a robot.   나는 로봇을 그리고 있지 않다.

She ➡

그녀는 로봇을 그리고 있지 않다.

---

3 누가?   **I am not** cut**ting** paper.   나는 종이를 자르고 있지 않다.

We ➡

우리는 종이를 자르고 있지 않다.

---

4 누가?   **I am not** mix**ing** colors.   나는 색들을 섞고 있지 않다.

They ➡

그들은 색들을 섞고 있지 않다.

I Can Write
▶ 앞에서 배운 것을 복습하는 코너예요.
글을 읽고 따라 써 보고 아랫글도 완성해 보세요.

I am reading a book.

나는 책을 읽고 있다.

I am not sleeping.

나는 자고 있지 않다.

I am not studying.

나는 공부하고 있지 않다.

I am not watching TV.

나는 TV를 보고 있지 않다.

Reading is fun.

독서가 재미있다.

바꿔 써 보기

윗글을 참조하여 전체 글을 써 보세요.

Word Box

- **is not mixing colors**

- **is not drawing a robot**

- **is not drawing flowers**

- **is not coloring with crayons**

Andy is painting a picture.

앤디는 그림을 그리고 있다.

He

그는 크레용으로 색칠하고 있지 않다.

He

그는 색을 섞고 있지 않다.

He

그는 꽃을 그리고 있지 않다.

He

그는 로봇을 그리고 있지 않다.

Are you -ing~? 너는 ~하고 있니?

QR코드

Are you studying?

Are you studying?

너는 공부하고 있니?

지금 하고 있는 일을 물을 때 <Are/Is + 주어 + 동사ing~?>로 써요.

Word 1
단어 확인 ▶ 그림을 보고 단어를 따라 써 보세요.

make
만들다

cry
울다

Are you
-ing~?

eat a snack
간식을 먹다

dance
춤추다

Word Box	make (만들다)	cry (울다)	sandwich (샌드위치)	eat (먹다)
	dance (춤추다)	snack (간식)	around (주위에, 돌아다니며)	

Word 2

▶ 우리말에 맞게 문장을 완성해 보세요.

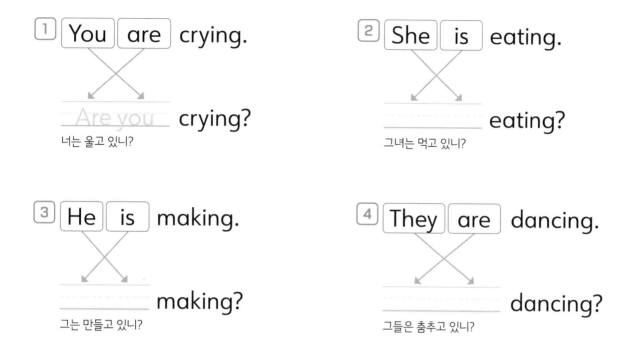

① | You | are | crying.

------- Are you ------- crying?

너는 울고 있니?

② | She | is | eating.

_____ eating?

그녀는 먹고 있니?

③ | He | is | making.

_____ making?

그는 만들고 있니?

④ | They | are | dancing.

_____ dancing?

그들은 춤추고 있니?

Sentence 1

▶ 그림을 보고 빈칸을 채워 문장을 완성해 보세요.

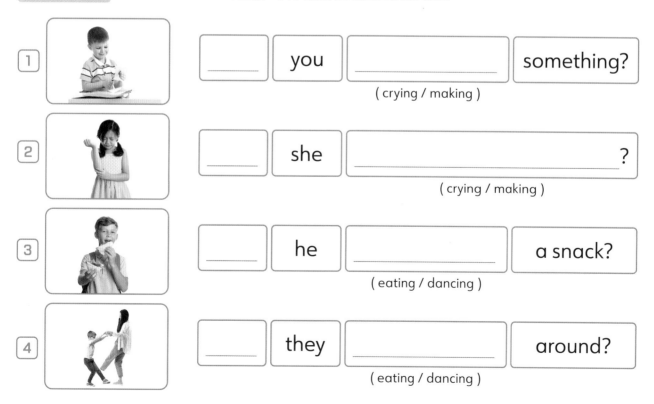

① _____ you _____ something?
(crying / making)

② _____ she _____ ?
(crying / making)

③ _____ he _____ a snack?
(eating / dancing)

④ _____ they _____ around?
(eating / dancing)

누가?

Are you study**ing?**　　　너는 공부하고 있니?

She ➡ **Is she** study**ing?**

그녀는 공부하고 있니?

Is she -ing~?

그는 ~하고 있니?

주어가 they일 때는 be동사 are를 쓰고, he, she, it일 때는 is를 문장 앞에 써서 '(지금) ~하고 있니?'라고 물어요.

| Are you/they -ing~? | Is he/she/it -ing~? |

---

1 누가?

Are you cry**ing?**　　　너는 울고 있니?

It ➡

그것은 울고 있니?

---

2 누가?

Are you danc**ing** around**?**　　　너는 춤추고 있니?

She ➡

그녀는 춤추고 있니?

---

3 누가?

Are you eat**ing** a snack**?**　　　너는 간식을 먹고 있니?

Mark ➡

마크는 간식을 먹고 있니?

---

4 누가?

Are you mak**ing** sandwiches**?**　　너는 샌드위치를 만들고 있니?

They ➡

그들은 샌드위치를 만들고 있니?

What are you doing?

너는 무엇을 하고 있니?

Are you reading?

너는 책을 읽고 있니?

Are you studying?

너는 공부하고 있니?

Are you sleeping?

너는 자고 있니?

Oh, I'm just thinking.

어머, 나는 그냥 생각 중이야.

바꿔 써 보기

윗글을 참조하여 전체 글을 써 보세요.

Word Box

- crying

- eating a snack

- making a snack

- is making a sandwich

What is Anna doing?

안나는 무엇을 하고 있니?

그녀는 울고 있니?

그녀는 간식을 먹고 있니?

그녀는 간식을 만들고 있니?

Yes, She

맞아. 그녀는 샌드위치를 만들고 있다.

Review

A 주어진 단어를 보고 우리말에 맞게 문장을 따라 쓰고 완성하세요.

1 read 읽다

I am reading a book.

나는 책을 읽고 있다.

2 jump 점프하다

very high.

그녀는 매우 높게 점프하고 있다.

3 watch 보다

TV.

그들은 TV를 보고 있다.

4 ride 타다

a bike.

그는 자전거를 타고 있다.

5 run 달리다

in the park.

그녀는 공원에서 달리고 있다.

6 sing 노래하다

a song.

그는 노래를 하고 있다.

B 다음 주어진 단어들을 배열하여 문장을 완성하세요.

1 | sleeping | not | I | am

➡ _____

2 | not | He | mixing | is | colors

➡ _____

3 | They | cutting | not | paper | are

➡ _____

3 | is | She | coloring | not

➡ _____

C 보기에서 알맞은 단어를 골라 써서 문장을 완성하세요.

| eating | making | crying |

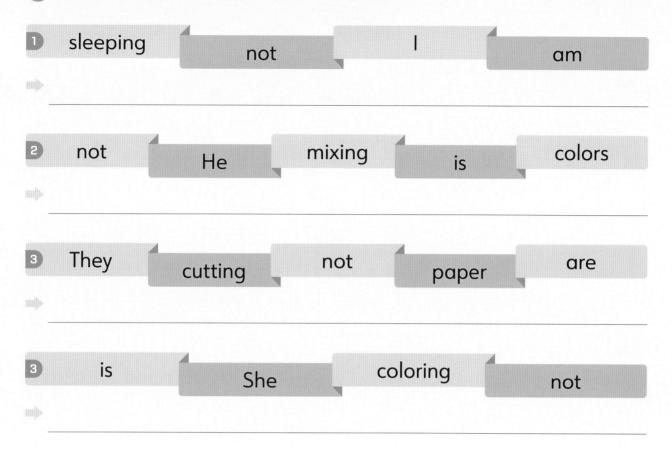

1 Are you _____ ?

너는 울고 있니?

2 Is he _____ a snack?

그는 간식을 먹고 있니?

3 Is she _____ a sandwich?

그녀는 샌드위치를 만들고 있니?

D 우리말에 맞게 연결하고 문장을 다시 써 보세요.

1	**Is** 있니		**you studying?** 너는 공부하고?
2	**Are** 있니		**am drinking milk.** 우유를 마시고 있다.
3	**They** 그들은		**she sleeping?** 그녀는 자고?
4	**She** 그녀는		**are not coloring.** 색칠하고 있지 않다.
5	**I** 나는		**is dancing around.** 춤추고 있다.

문장을 다시 써 보세요.

1 Is she sleeping?

2

3

4

5

64

PART 4

It feels~ 그것은 ~하게 느껴진다

QR코드

It feels soft.

It feels soft.

그것은 부드럽게 느껴진다.

보고 느끼고 들리고 맛보고 냄새를 맡는 일을 말할 때 〈look / feel / taste / smell~〉로 써요.

Word 1
단어 확인 ▶ 그림을 보고 단어를 따라 써 보세요.

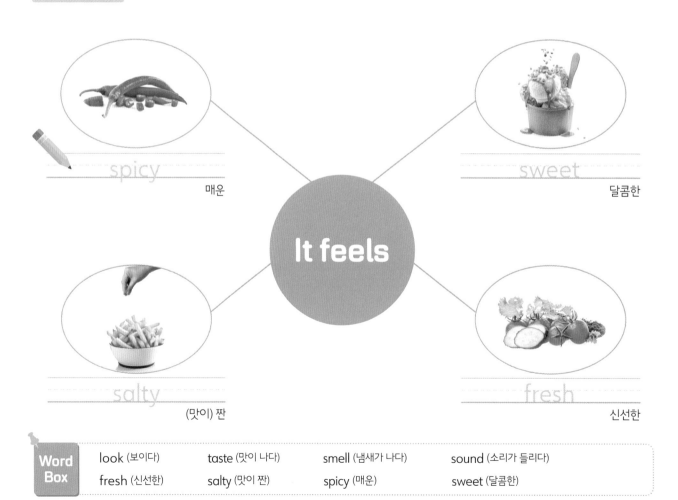

spicy
매운

sweet
달콤한

It feels

salty
(맛이) 짠

fresh
신선한

Word Box	look (보이다)	taste (맛이 나다)	smell (냄새가 나다)	sound (소리가 들리다)
	fresh (신선한)	salty (맛이 짠)	spicy (매운)	sweet (달콤한)

Word 2

▶ 우리말에 맞게 단어를 다시 써 보세요.

1 fresh ➡ 보이다   look fresh

신선해 보인다

2 salty ➡ 맛이 나다   taste salty

짠맛이 난다

3 spicy ➡ 냄새가 나다   smell spicy

매운 냄새가 난다

4 sweet ➡ 들리다   sound sweet

달콤하게 들린다

Sentence 1

문장 확인 ▶ 그림을 보고 빈칸을 채워 문장을 완성해 보세요.

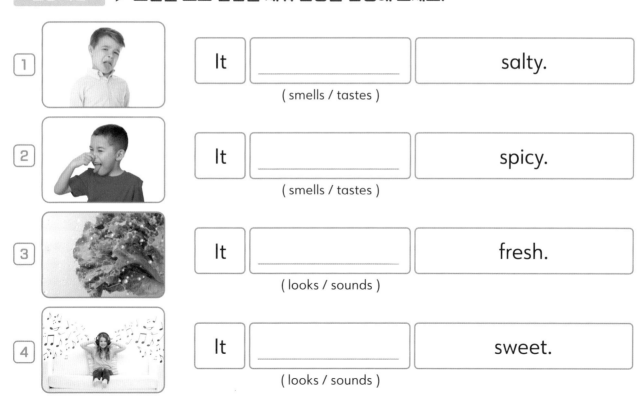

1 It _____ salty.
(smells / tastes)

2 It _____ spicy.
(smells / tastes)

3 It _____ fresh.
(looks / sounds)

4 It _____ sweet.
(looks / sounds)

건강한

I **feel** good.

나는 기분이 좋다.

well ➡ I **feel** well.

나는 건강한 것 같다.

feel + 형용사

~하게 느껴진다

보고 느끼고 들리고 맛보고 냄새를 맡는 look/feel/taste/smell
다음에는 형용사를 써요.

1 행복한

He **looks** sad.

그는 슬퍼 보인다.

happy ➡

그는 행복해 보인다.

2 (맛이) 신

It **tastes** salty.

그것은 짠맛이 난다.

sour ➡

그것은 신맛이 난다.

3 나쁜

It **smells** spicy.

그것은 매운 냄새가 난다.

bad ➡

그것은 나쁜 냄새가 난다.

4 웃긴

It **sounds** sweet.

그것은 달콤하게 들린다.

funny ➡

그것은 웃기게 들린다.

68

I Can Write

The pasta looks delicious.

파스타가 맛있어 보인다.

It has a lot of bacon.

그것은 베이컨이 많다.

It tastes salty.

그것은 짠맛이 난다.

It has pepper.

그것은 후추가 있다.

It smells spicy.

그것은 매운 냄새가 난다.

바꿔 써 보기

윗글을 참조하여 전체 글을 써 보세요.

Word Box

- **looks fresh**

- **has a lot of pineapples**

- **has tomatoes**

- **tastes sweet**

The pizza looks delicious.

피자가 맛있어 보인다.

It

그것은 파인애플이 많이 있다.

It

그것은 달콤한 맛이 난다.

It

그것은 토마토가 있다.

It

그것은 신선해 보인다.

go -ing ~하러 가다

QR코드

I **go** bik**ing**.

I go biking.

나는 자전거 타러 간다.

하러 가는 일을 말할 때 〈go + 동사ing〉로 '~하러 가다'라는 의미로 써요.

Word 1
단어 확인 ▶ 그림을 보고 단어를 따라 써 보세요.

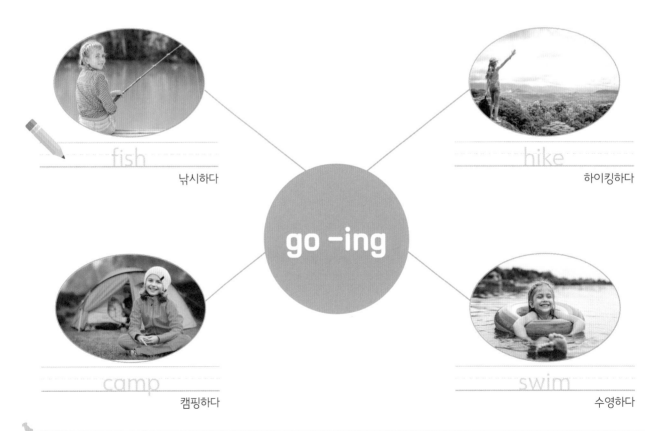

fish
낚시하다

hike
하이킹하다

go -ing

camp
캠핑하다

swim
수영하다

Word Box	fish (낚시하다)	hike (하이킹하다)	swim (수영하다)	camp (캠핑하다)
	hill (언덕)	river (강)	beach (해변)	mountain (산)

Word 2

▶ 우리말에 맞게 문장을 완성해 보세요.

1. fish ➡ I go fishing.

나는 낚시하러 간다.

2. hike ➡ I go hiking.

나는 하이킹하러 간다.

3. camp ➡ I go camping.

나는 캠핑하러 간다.

4. swim ➡ I go swimming.

나는 수영하러 간다.

Sentence 1

문장 확인 ▶ 그림을 보고 빈칸을 채워 문장을 완성해 보세요.

1. I _____ _____ .

(go fishing / go hiking)

2. I _____ _____ .

(go fishing / go hiking)

3. I _____ _____ .

(go camping / go swimming)

4. I _____ _____ .

(go camping / go swimming)

교회

I **go to** school.
나는 학교에 간다.

church ➡ I **go to** church.

나는 교회에 간다.

go to~
~에 가다

어떤 장소에 간다고 할 때 <go to + 장소>로 써요.

---

1 공원

I **go to** the market.
나는 시장에 간다.

park ➡

나는 공원에 간다.

---

2 동물원

I **go to** the library.
나는 도서관에 간다.

zoo ➡

나는 동물원에 간다.

---

3 해변

I **go to** the river.
나는 강에 간다.

beach ➡

나는 해변에 간다.

---

4 산

I **go to** the hill.
나는 언덕에 간다.

mountain ➡

나는 산에 간다.

Dad and I go camping.

아빠와 나는 캠핑하러 간다.

I go to the hill.

나는 언덕에 간다.

I go hiking.

나는 하이킹하러 간다.

Dad goes to the river.

아빠는 강가로 간다.

Dad goes fishing.

아빠는 낚시하러 간다.

바꿔 써 보기

윗글을 참조하여 전체 글을 써 보세요.

Word Box

- **go to the beach**

- **go to the mountain**

- **go hiking**

- **go swimming**

Mom and I go camping.

엄마와 나는 캠핑하러 간다.

We

우리는 해변에 간다.

We

우리는 수영하러 간다.

We

우리는 산에 간다.

We

우리는 하이킹하러 간다.

play + 운동 (운동을) 하다

I **play soccer** at 4.

I play soccer at 4.

나는 4시에 축구를 한다.

운동 경기를 하는 것은 동사 play로 표현해요.

Word 1

단어 확인 ▶ 그림을 보고 단어를 따라 써 보세요.

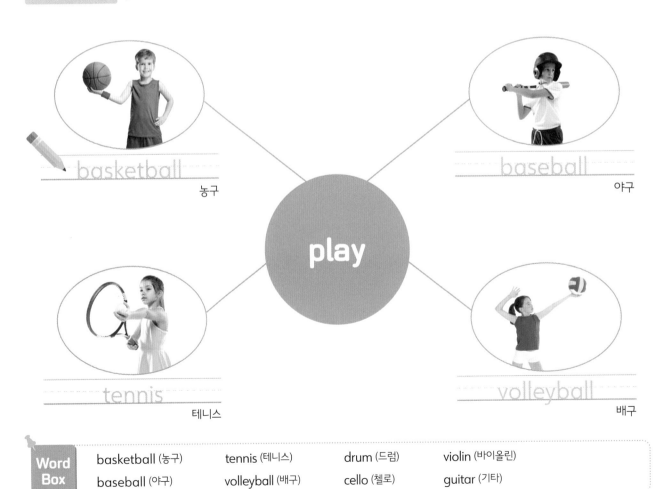

basketball
농구

baseball
야구

play

tennis
테니스

volleyball
배구

Word Box	basketball (농구)	tennis (테니스)	drum (드럼)	violin (바이올린)
	baseball (야구)	volleyball (배구)	cello (첼로)	guitar (기타)

Word 2

▶ 우리말에 맞게 문장을 완성해 보세요.

1 basketball ➡ I play basketball.

나는 농구를 한다.

2 baseball ➡ I play baseball.

나는 야구를 한다.

3 tennis ➡ I play tennis.

나는 테니스를 한다.

4 volleyball ➡ I play volleyball.

나는 배구를 한다.

Sentence 1

문장 확인 ▶ 그림을 보고 빈칸을 채워 문장을 완성해 보세요.

1 I _____ _____.

(play baseball / play basketball)

2 I _____ _____.

(play baseball / play basketball)

3 I _____ _____.

(play tennis / play volleyball)

4 I _____ _____.

(play tennis / play volleyball)

누가?

I **play** the piano.

나는 피아노를 연주한다.

He ➡ He **plays** the piano.

그는 피아노를 연주한다.

play + 악기
연주하다

악기 연주도 동사 play로 표현하고, 악기 앞에는 the를 붙여 써요.

1 누가?

I **play** the drums.

나는 드럼을 연주한다.

Andy ➡

앤디는 드럼을 연주한다.

2 누가?

I **play** the violin.

나는 바이올린을 연주한다.

She ➡

그녀는 바이올린을 연주한다.

3 누가?

I **play** the guitar.

나는 기타를 연주한다.

Joe ➡

조는 기타를 연주한다.

4 누가?

I **play** the cello.

나는 첼로를 연주한다.

They ➡

그들은 첼로를 연주한다.

I Can Write

My friends love sports.
내 친구들은 스포츠를 사랑한다.

Andy plays soccer.
앤디는 축구를 한다.

Joe plays basketball.
조는 농구를 한다.

I play tennis.
나는 테니스를 한다.

We like to play sports.
우리는 스포츠 하는 것을 좋아한다.

바꿔 써 보기
윗글을 참조하여 전체 글을 써 보세요.

Word Box

- play music

- plays the piano

- plays the violin

- play the guitar

My friends love music.
내 친구들은 음악을 사랑한다.

Alice
앨리스는 피아노를 연주한다.

Mark
마크는 바이올린을 연주한다.

I
나는 기타를 연주한다.

We like to
우리는 음악을 연주하는 것을 좋아한다.

77

Review

Ⓐ 주어진 단어를 보고 우리말에 맞게 문장을 따라 쓰고 완성하세요.

1
feel
느끼다

It feels soft.

그것은 부드럽게 느껴진다.

2
look
보이다

fresh.

그것은 신선해 보인다.

3
smell
냄새가 나다

spicy.

그것은 매운 냄새가 난다.

4
taste
맛이 나다

salty.

그것은 짠맛이 난다.

5
sound
들리다

sweet.

그것은 달콤하게 들린다.

6
well
건강한, 좋은

I feel

나는 건강한 것 같다.

78

Ⓑ 다음 주어진 단어들을 배열하여 문장을 완성하세요.

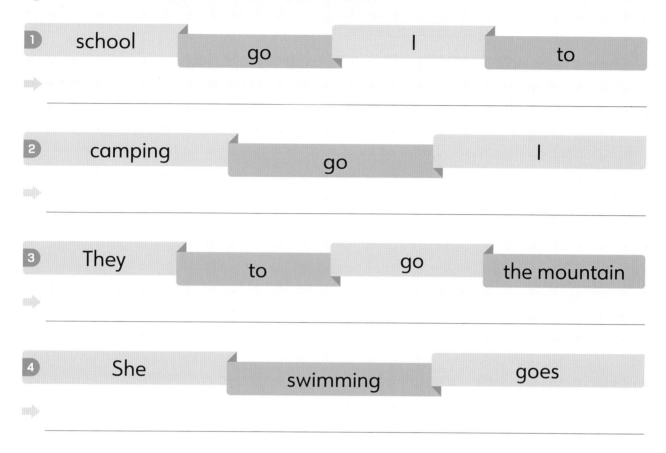

① school　go　I　to

➡ _____

② camping　go　I

➡ _____

③ They　to　go　the mountain

➡ _____

④ She　swimming　goes

➡ _____

Ⓒ 보기에서 알맞은 단어를 골라 써서 문장을 완성하세요.

baseball　tennis　basketball

1 I _____ _____.

나는 테니스를 한다.

2 He _____ _____.

그는 야구를 한다.

3 They _____ _____.

그들은 농구를 한다.

79

1

Andy plays
앤디는 한다

hiking.
하이킹하러.

2

I go
나는 간다

piano.
피아노.

3

He goes to the
그는 ~에 간다

soccer.
축구.

4

Joe goes to
조는 ~에 간다

market.
시장.

5

She plays the
그녀는 연주한다

school.
학교.

문장을 다시 써 보세요.

1   Andy plays soccer.

2

3

4

5

PART 5

I will~ 나는 ~할 것이다

I will call you later.

I will call you later.

내가 나중에 전화할게.

'내가 나중에 전화 할게.'처럼 미래의 계획이나 의지를 표현할 때 <I will + 동사~>로 써요.

Word 1
단어 확인 ▶ 그림을 보고 단어를 따라 써 보세요.

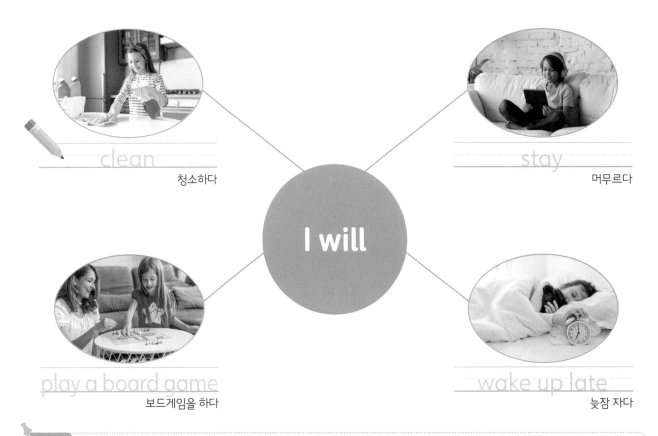

clean
청소하다

stay
머무르다

play a board game
보드게임을 하다

wake up late
늦잠 자다

I will

Word Box	clean (청소하다)	stay (머무르다)	play a board game (보드게임을 하다)
	room (방)	at home (집에서)	wake up late (늦잠 자다)

Word 2

▶ 우리말에 맞게 문장을 완성해 보세요.

1. clean ➡ I will clean my room.

   나는 내 방을 청소할 것이다.

2. stay ➡ I will stay at home.

   나는 집에 머무를 것이다.

3. play ➡ I will play a board game.

   나는 보드게임을 할 것이다.

4. wake up late ➡ I will wake up late.

   나는 늦잠을 잘 것이다.

Sentence 1

문장 확인 ▶ 그림을 보고 빈칸을 채워 문장을 완성해 보세요.

1. I _____ _____ my room.

   (will stay / will clean)

2. I _____ _____ at home.

   (will stay / will clean)

3. I _____ _____ on Sunday.

   (will play / will wake up late)

4. I _____ _____ a board game.

   (will play / will have)

▶ 보기처럼 주어진 단어로 문장을 바꿔 써 보세요.

누가?

He will eat out.

그는 외식을 할 것이다.

He ➡ **He's going** to eat out.

그는 외식을 할 것이다.

↳ He's는 He is의 줄임 표현이예요.

I will~
=I am going to~

will은 be going to로 바꿔 쓸 수 있어요. 주어가 You/They/We일 때는 are going to~, He/She/It은 is going to~로 써요.

---

1 누가? **I will** stay at home. 나는 집에 머무를 것이다.

I ➡

나는 집에 머무를 것이다.

---

2 누가? **She will** clean her room. 그녀는 그녀의 방을 청소할 것이다.

She ➡

그녀는 그녀의 방을 청소할 것이다.

---

3 누가? **We will** wake up late. 우리는 늦잠을 잘 것이다.

We ➡

우리는 늦잠을 잘 것이다.

---

4 누가? **They will** play a board game. 그들은 보드게임을 할 것이다.

They ➡

그들은 보드게임을 할 것이다.

I Can Write

▶ 앞에서 배운 것을 복습하는 코너예요.
글을 읽고 따라 써 보고 아랫글도 완성해 보세요.

Tomorrow is Saturday.

내일은 토요일이다.

I will stay at home.

나는 집에 머무를 것이다.

I will wake up late.

나는 늦잠을 잘 것이다.

I will clean my room.

나는 내 방을 청소할 것이다.

I will watch TV at night.

나는 밤에 TV를 볼 것이다.

바꿔 써 보기

윗글을 참조하여 전체 글을 써 보세요.

Word Box

• going to stay at home

• going to watch
  TV at night

• going to wake up late

• going to clean her room

Tomorrow is Sunday.

내일은 일요일이다.

Alice is

앨리스는 집에 머무를 것이다.

She's

그녀는 늦잠을 잘 것이다.

She's

그녀는 그녀의 방을 청소할 것이다.

She's

그녀는 밤에 TV를 볼 것이다.

I won't~ 나는 ~하지 않을 것이다

QR코드

I won't go there.

I won't go there.

나는 거기에 가지 않을 것이다.

'~하지 않을 것이다'라고 부정을 말할 때 〈will not~〉으로 쓰고
〈won't~〉로 줄여서 쓸 수 있어요.

Word 1
단어 확인 ▶ 그림을 보고 단어를 따라 써 보세요.

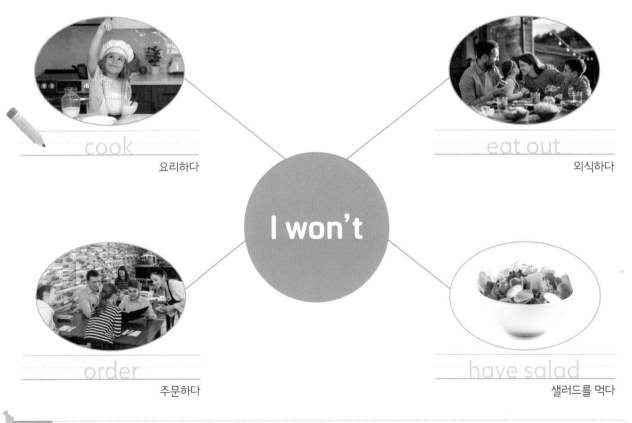

cook
요리하다

eat out
외식하다

I won't

order
주문하다

have salad
샐러드를 먹다

Word Box	cook (요리하다)	eat out (외식하다)	order (주문하다)	have (먹다)
	dinner (저녁)	tonight (오늘밤)	pizza (피자)	salad (샐러드)

Word 2

▶ 우리말에 맞게 문장을 완성해 보세요.

1. I will cook.
   → I won't cook.
   나는 요리하지 않을 것이다.

2. They will eat out.
   → _____ eat out.
   그들은 외식하지 않을 것이다.

3. He will order.
   → _____ order.
   그는 주문하지 않을 것이다.

4. She will have salad.
   → _____ have salad.
   그녀는 샐러드를 먹지 않을 것이다.

Sentence 1

문장 확인 ▶ 그림을 보고 빈칸을 채워 문장을 완성해 보세요.

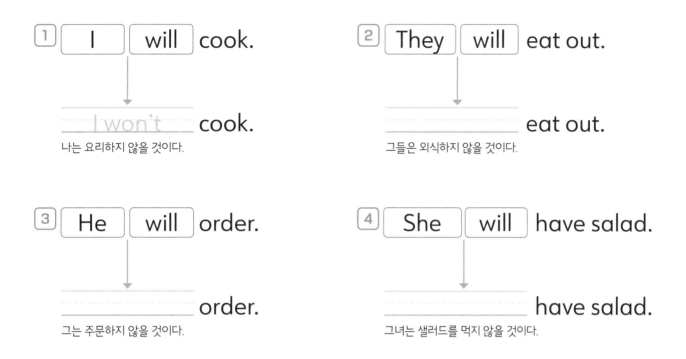

1. I _____ _____ dinner.
   (won't have / won't cook)

2. They _____ _____ tonight.
   (won't eat out / won't cook)

3. She _____ _____ pizza.
   (won't order / won't have)

4. He _____ _____ salad.
   (won't order / won't have)

누가?

He won't get up early. 그는 일찍 일어나지 않을 것이다.

He ➡ He **isn't going to** get up early.

그는 일찍 일어나지 않을 것이다.

I won't~
= I'm not going to~

will not(= won't)은 isn't going to~나 aren't going to~로
바꿔서 쓸 수 있어요. am not은 줄여 쓸 수 없어요.

---

1 누가? **We won't** eat out. 우리는 외식하지 않을 것이다.

We ➡

우리는 외식하지 않을 것이다.

2 누가? **She won't** order pizza. 그녀는 피자를 주문하지 않을 것이다.

She ➡

그녀는 피자를 주문하지 않을 것이다.

3 누가? **He won't** have salad. 그는 샐러드를 먹지 않을 것이다.

He ➡

그는 샐러드를 먹지 않을 것이다.

4 누가? **They won't** cook dinner. 그들은 저녁을 요리하지 않을 것이다.

They ➡

그들은 저녁을 요리하지 않을 것이다.

I won't get up early.
나는 일찍 일어나지 않을 것이다.

I will wake up late today.
나는 오늘 늦잠을 잘 것이다.

I won't cook today.
나는 오늘 요리를 하지 않을 것이다.

I won't eat out.
나는 외식을 하지 않을 것이다.

I will order pizza.
나는 피자를 주문할 것이다.

바꿔 써 보기
윗글을 참조하여 전체 글을 써 보세요.

Word Box

- going to cook today

- isn't going to order pizza

- isn't going to eat out

- isn't going to oversleep

Jack is going to get up early.
잭은 일찍 일어날 것이다.

He
그는 늦잠을 자지 않을 것이다.

He's
그는 오늘 요리를 할 것이다.

He
그는 외식하지 않을 것이다.

He
그는 피자를 주문하지 않을 것이다.

89

Do~ ~해라

QR코드

Open the door.

Open the door.

문을 열어라.

'~해라'처럼 명령이나 부탁을 표현할 때 동사를 문장 앞에 써요.

Word 1
단어 확인 ▶ **그림을 보고 단어를 따라 써 보세요.**

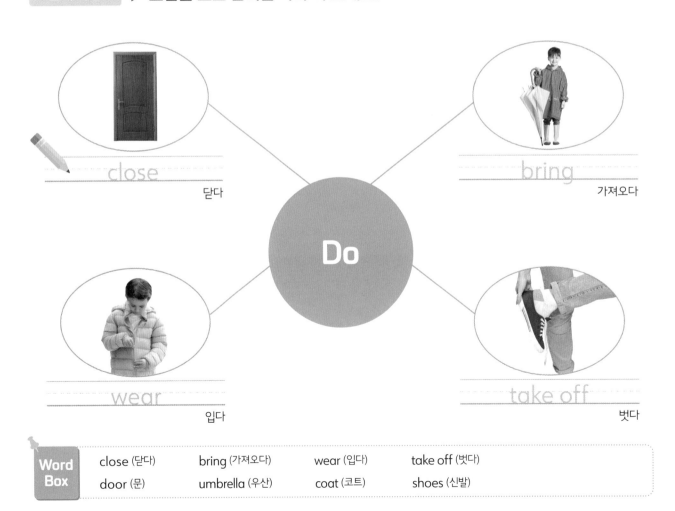

close
닫다

bring
가져오다

Do

wear
입다

take off
벗다

Word Box	close (닫다)	bring (가져오다)	wear (입다)	take off (벗다)
	door (문)	umbrella (우산)	coat (코트)	shoes (신발)

Word 2

▶ 우리말에 맞게 문장을 완성해 보세요.

1 close ➡ Close the door.

문을 닫아라.

2 bring ➡ Bring your umbrella.

네 우산을 가져와라.

3 wear ➡ Wear your coat.

네 코트를 입어라.

4 take off ➡ Take off your shoes.

네 신발을 벗어라.

Sentence 1

문장 확인 ▶ 그림을 보고 빈칸을 채워 문장을 완성해 보세요.

1 | _____ | the | door. |
(Open / Close)

2 | _____ | your | umbrella. |
(Close / Bring)

3 | _____ | your | coat. |
(Wear / Take off)

4 | _____ | your | shoes. |
(Wear / Take off)

하지 마라

Open the door.

문을 열어라.

Don't ➡ **Don't** open the door.

문을 열지 마라.

Don't~
~하지 마라

동사 앞에 Don't를 써서 '~하지 마라'라고 명령의 문장을 쓸 수 있어요.

1 하지 마라

Bring your umbrella.

네 우산을 가져와라.

Don't ➡

네 우산을 가져오지 마라.

2 하지 마라

Wear your coat.

네 코트를 입어라.

Don't ➡

네 코트를 입지 마라.

3 하지 마라

Take off your shoes.

네 신발을 벗어라.

Don't ➡

네 신발을 벗지 마라.

4 하지 마라

Close the window.

창문을 닫아라.

Don't ➡

창문을 닫지 마라.

It's cold and raining.

춥고 비가 온다.

Wear your raincoat.

비옷을 입어라.

Bring your umbrella.

우산을 가져와라.

Push the door.

문을 밀어라.

Close the door.

문을 닫아라.

바꿔 써 보기

윗글을 참조하여 전체 글을 써 보세요.

Word Box

- wear your raincoat

- open the window

- bring your umbrella

- close the door

It's hot and sunny.

덥고 해가 쨍쨍하다.

Don't

비옷을 입지 마라.

우산을 가져오지 마라.

창문을 열어라.

문을 닫지 마라.

Review

A 주어진 단어를 보고 우리말에 맞게 문장을 따라 쓰고 완성하세요.

1 call
전화하다, 부르다

I will call you later.

나는 나중에 네게 전화할 것이다.

2 clean
청소하다

her room.

그녀는 그녀의 방을 청소할 것이다.

3 stay
머무르다

at home.

그는 집에 머무를 것이다.

4 play
놀다, (게임)하다

a board game.

우리는 보드게임을 할 것이다.

5 wake up late
늦잠 자다

그녀는 늦잠을 잘 것이다.

6 cook
요리하다

그녀는 요리하지 않을 것이다.

94

B 다음 주어진 단어들을 배열하여 문장을 완성하세요.

1 won't　go　I　there

➡ _____

2 He　get up　early　won't

➡ _____

3 pizza　won't　She　order

➡ _____

4 salad　They　won't　have

➡ _____

C 보기에서 알맞은 단어를 골라 써서 문장을 완성하세요.

> **Take off　Wear　Open**

1 _____ the door.

문을 열어라.

2 _____ your coat.

코트를 입어라.

3 _____ your shoes.

너의 신발을 벗어라.

95

D 우리말에 맞게 연결하고 문장을 다시 써 보세요.

1 **Don't close**
닫지 마라

2 **Don't wear**
입지 마라

3 **Don't bring**
가져오지 마라

4 **I won't**
나는 ~(하지) 않을 것이다

5 **He is going**
그는 ~할 것이다

eat out.
외식하다.

your coat.
네 코트를.

the door.
문을.

your umbrella.
네 우산을.

to cook.
요리하는 것을.

문장을 다시 써 보세요.

1 Don't close the door.

2

3

4

5

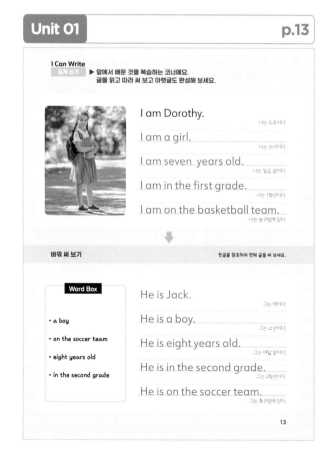

98

Unit 02

I am not~ 나는 ~가 아니다 / 나는 ~에 없다

I am not happy.

I am not happy.

나는 행복하지 않다.

'나는 행복하지 않다.' '나는 도서관에 없다.'와 같이 '나는 ~아니다'와 '나는 ~에 없다'를 표현할 때 <I am not~>으로 문장을 써요.

Word 1
단어 확인 ▶ 그림을 보고 단어를 따라 써 보세요.

tall
키가 큰

fast
빠른

I am not

basketball player
농구 선수

library
도서관

| Word Box | tall (키가 큰) | fast (빠른) | basketball player (농구 선수) | library (도서관) |
| | short (키가 작은) | slow (느린) | soccer player (축구 선수) | classroom (교실) |

14

Word 2
단어 확장 ▶ 그림을 보고 단어를 다시 써 보세요.

1. tall 키가 큰 — short 키가 작은
2. fast 빠른 — slow 느린
3. basketball player 농구 선수 — soccer player 축구 선수
4. library 도서관 — classroom 교실

Sentence 1
문장 확인 ▶ 그림을 보고 빈칸을 채워 문장을 완성해 보세요.

1. I | am | not | tall.
(tall / short)

2. I | am | not | fast.
(slow / fast)

3. I | am | not | a basketball player.
(a soccer player / a basketball player)

4. I | am | not | in the classroom.
(library / classroom)

15

Sentence 2
문장 확장 ▶ 보기처럼 주어진 단어로 문장을 바꿔 써 보세요.

누가?

I am not happy.
나는 행복하지 않다.

She is ➡ **She is not** happy.
그녀는 행복하지 않다.

She is not~
그녀는 ~아니다 / ~에 없다

'그는(그녀는) ~아니다(없다)'는 He/She is not~으로 쓰고
'너는(우리는/그들은) ~아니다(없다)'는 You/We/They are not~으로 표현해요.

1. 누가? **I am not** short.
나는 키가 작지 않다.
He is ➡ He is not short.
그는 키가 작지 않다.

2. 누가? **I am not** slow.
나는 느리지 않다.
We are ➡ We are not slow.
우리는 느리지 않다.

3. 누가? **I am not** a soccer player.
나는 축구 선수가 아니다.
You are ➡ You are not a soccer player.
너는 축구 선수가 아니다.

4. 누가? **I am not** in the classroom.
나는 교실에 없다.
They are ➡ They are not in the classroom.
그들은 교실에 없다.

16

I Can Write
길게 쓰기 ▶ 앞에서 배운 것을 복습하는 코너예요.
글을 읽고 따라 써 보고 아랫글도 완성해 보세요.

I am not happy.
나는 행복하지 않다.

I am not short.
나는 키가 작지 않다.

I am not slow.
나는 느리지 않다.

I am not a soccer player.
나는 축구 선수가 아니다.

I am not in the classroom.
나는 교실에 없다.

바꿔 써 보기
윗글을 참조하여 전체 글을 써 보세요.

Word Box
- not in the library
- not fast
- not tall
- not a basketball player

She is not happy.
그녀는 행복하지 않다.

She is not tall.
그녀는 키가 크지 않다.

She is not fast.
그녀는 빠르지 않다.

She is not a basketball player.
그녀는 농구 선수가 아니다.

She is not in the library.
그녀는 도서관에 없다.

17

Unit 03 is in/on/under ~안에 / ~위에 / ~아래에 있다

Max **is in** the bag.

Max is in the bag.
맥스는 가방 안에 있다.

in, on, under는 사람, 동물 또는 물건이 어디에 있는지 나타낼 때 써요.
in은 '~안에', on은 '~위에', under는 '~아래에' 라는 뜻이에요.

Word 1 단어복습 ▶ 그림을 보고 단어를 따라 써 보세요.

box 상자   sofa 소파

is in/on/under

chair 의자   hat 모자

Word Box: in (~안에)   on (~위에)   under (~아래에)   bag (가방)
box (상자)   sofa (소파)   chair (의자)   hat (모자)

18

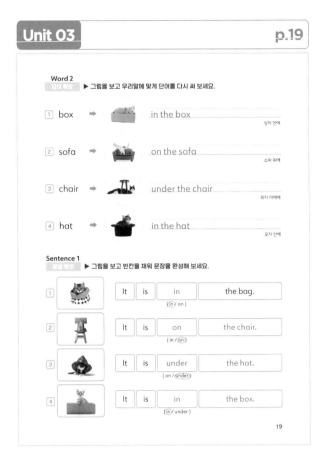

Word 2 단어복습 ▶ 그림을 보고 우리말에 맞게 단어를 다시 써 보세요.

1 box ➡ in the box 상자 안에

2 sofa ➡ on the sofa 소파 위에

3 chair ➡ under the chair 의자 아래에

4 hat ➡ in the hat 모자 안에

Sentence 1 문장복습 ▶ 그림을 보고 빈칸을 채워 문장을 완성해 보세요.

1 | It | is | in | the bag. (in / on)

2 | It | is | on | the chair. (in / on)

3 | It | is | under | the hat. (on / under)

4 | It | is | in | the box. (in / under)

19

Sentence 2 문장복습 ▶ 보기처럼 주어진 단어로 문장을 바꿔 써 보세요.

어디에?   Max **is in** the bag. 맥스는 가방 안에 있다.

~위에 ➡ Max **is on** the bag. 맥스는 가방 위에 있다.

is + in/on/under <am/are/is + in/on/under>를 써서 '~안에/위에/아래에 있다'라는 뜻을 나타내요.
~안에 / ~위에 / ~아래에 있다

1 어디에?   Max **is on** the box. 맥스는 상자 위에 있다.
~안에 ➡ Max is in the box. 맥스는 상자 안에 있다.

2 어디에?   Coco **is under** the sofa. 코코는 소파 아래에 있다.
~위에 ➡ Coco is on the sofa. 코코는 소파 위에 있다.

3 어디에?   Max **is on** the chair. 맥스는 의자 위에 있다.
~아래에 ➡ Max is under rhe chair. 맥스는 의자 아래에 있다.

4 어디에?   Luna **is in** the hat. 루나는 모자 안에 있다.
~위에 ➡ Luna is on the hat. 루나는 모자 위에 있다.

20

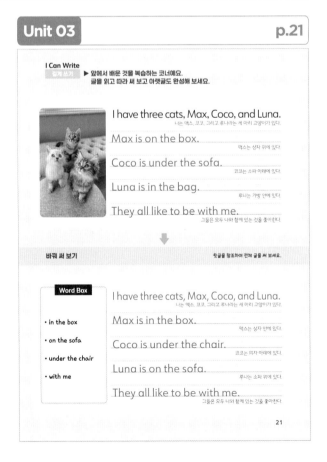

I Can Write 함께 쓰기 ▶ 앞에서 배운 것을 복습하는 코너예요.
글을 읽고 따라 써 보고 아랫글도 완성해 보세요.

I have three cats, Max, Coco, and Luna.
나는 맥스, 코코, 그리고 루나라는 세 마리 고양이가 있다.

Max is on the box.
맥스는 상자 위에 있다.

Coco is under the sofa.
코코는 소파 아래에 있다.

Luna is in the bag.
루나는 가방 안에 있다.

They all like to be with me.
그들은 모두 나와 함께 있는 것을 좋아한다.

바꿔 써 보기 윗글을 참조하여 전체 글을 써 보세요.

Word Box
• in the box
• on the sofa
• under the chair
• with me

I have three cats, Max, Coco, and Luna.
나는 맥스, 코코, 그리고 루나라는 세 마리 고양이가 있다.

Max is in the box.
맥스는 상자 안에 있다.

Coco is under the chair.
코코는 의자 아래에 있다.

Luna is on the sofa.
루나는 소파 위에 있다.

They all like to be with me.
그들은 모두 나와 함께 있는 것을 좋아한다.

21

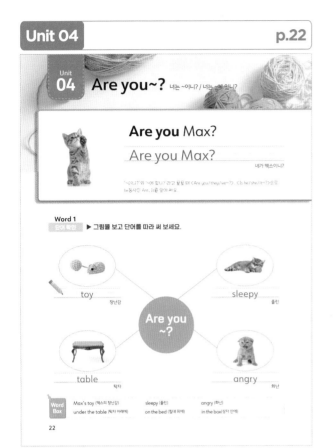

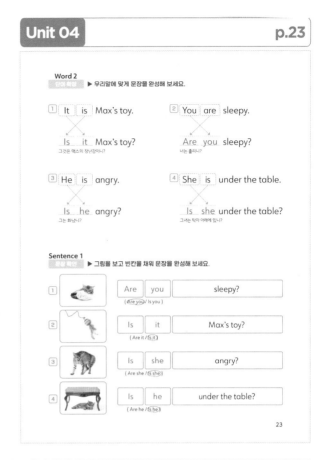

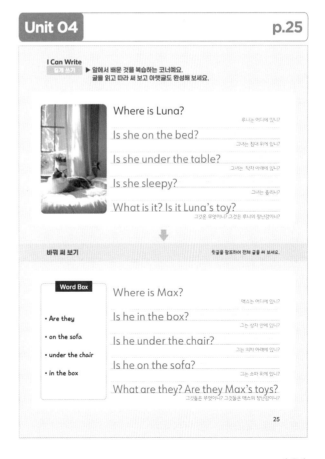

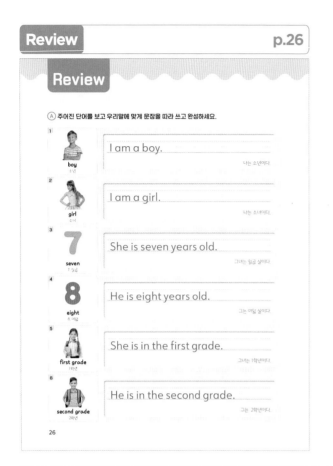

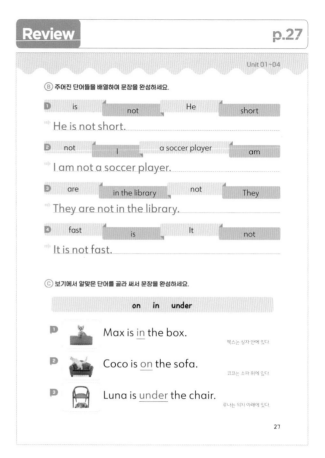

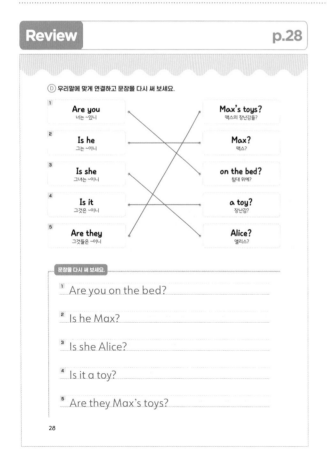

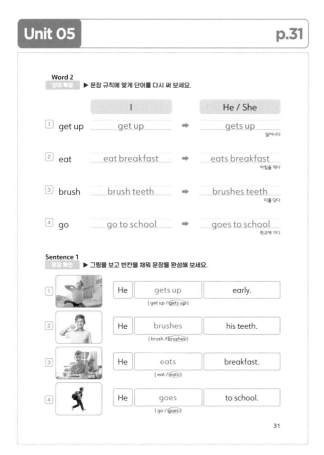

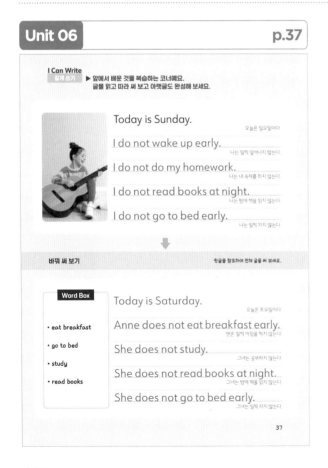

Word 2
단어 확장 ▶ 우리말에 맞게 문장을 완성해 보세요.

① You need a fishbowl. → Do you need a fishbowl?
너는 어항이 필요하니?

② You have a fish. → Do you have a fish?
너는 물고기가 있니?

③ You see your fish. → Do you see your fish?
너는 네 물고기를 보니?

④ You feed your fish. → Do you feed your fish?
너는 네 물고기에게 먹이를 주니?

Sentence 1
문장 확인 ▶ 그림을 보고 빈칸을 채워 문장을 완성해 보세요.

① Do you need a fishbowl? (need / swim)

② Do you have a fish? (swim / have)

③ Do you see your fish? (see / feed)

④ Do you feed your fish? (see / feed)

39

Sentence 2
문장 확장 ▶ 보기처럼 주어진 단어로 문장을 바꿔 써 보세요.

누가?   Do you want a fish? 너는 물고기를 원하니?
She → Does she want a fish? 그녀는 물고기를 원하니?

Does he~?
그는 ~하니?   He, She, It은 문장 앞에 Does를 써서 <Does + he/she/it + 동사 ~>로 써요.

① 누가?   Do you have a fish? 너는 물고기가 있니?
He → Does he have a fish? 그는 물고기가 있니?

② 누가?   Do you see your fish? 너는 네 물고기를 보니?
They → Do they see their fish? 그들은 그들의 물고기(their fish)를 보니?

③ 누가?   Do you feed your fish? 너는 네 물고기에게 먹이를 주니?
She → Does she feed her fish? 그녀는 그녀의 물고기(her fish)에게 먹이를 주니?

④ 누가?   Do you swim? 너는 수영하니?
It → Does it swim? 그것은 수영하니?

40

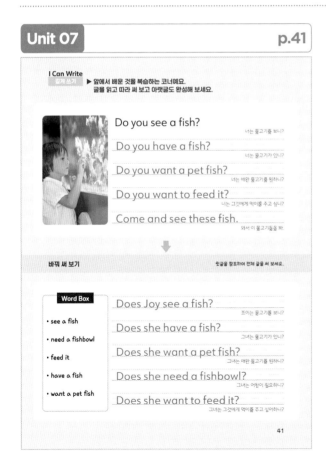

I Can Write
함께 쓰기 ▶ 앞에서 배운 것을 복습하는 코너예요.
글을 읽고 따라 써 보고 아랫글도 완성해 보세요.

Do you see a fish? 너는 물고기를 보니?
Do you have a fish? 너는 물고기가 있니?
Do you want a pet fish? 너는 애완 물고기를 원하니?
Do you want to feed it? 너는 그것에게 먹이를 주고 싶니?
Come and see these fish. 와서 이 물고기들을 봐.

바꿔 써 보기   윗글을 참조하여 전체 글을 써 보세요.

Word Box
• see a fish
• need a fishbowl
• feed it
• have a fish
• want a pet fish

Does Joy see a fish? 조이는 물고기를 보니?
Does she have a fish? 그녀는 물고기가 있니?
Does she want a pet fish? 그녀는 애완 물고기를 원하니?
Does she need a fishbowl? 그녀는 어항이 필요하니?
Does she want to feed it? 그녀는 그것에게 먹이를 주고 싶어하니?

41

Unit 08 I am~ vs I do~

I am a singer. 나는 가수이다.
I sing a song. 나는 노래를 부른다.

am/are/is의 be동사와 일반동사는 의미(역할)가 구별해서 써요.

Word 1
단어 확인 ▶ 그림을 보고 단어를 따라 써 보세요.

gown 가운, 보호복
uniform 유니폼, 교복
sunglasses 선글라스
apron 앞치마

I am vs I do

Word Box   gown (가운, 보호복)   uniform (유니폼, 교복)   sunglasses (선글라스)   apron (앞치마)
doctor (의사)   student (학생)   pilot (조종사)   cook (요리사, 요리하다)

42

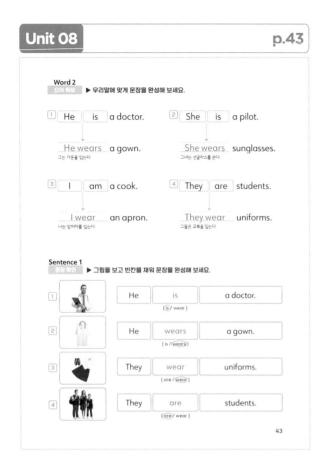

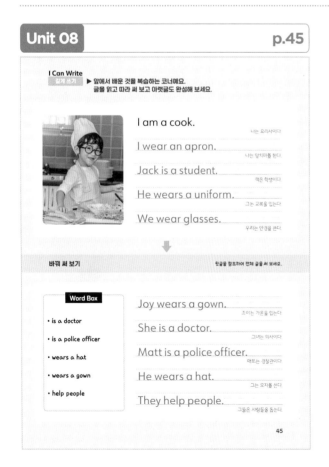

Unit 05~08

ⓑ 다음 주어진 단어들을 배열하여 문장을 완성하세요.

① do not I early wake up
→ I do not wake up early.

② not He study on Sunday does
→ He does not study on Sunday.

③ They read not do books
→ They do not read books.

④ does drink It not milk
→ It does not drink milk.

ⓒ 보기에서 알맞은 단어를 골라 써서 문장을 완성하세요.

wears	is	sings

① Matt <u>is</u> a singer.
매트는 가수이다

② Matt <u>sings</u> a song.
매트는 노래를 부른다

③ Tom <u>wears</u> a gown.
톰은 가운을 입는다

47

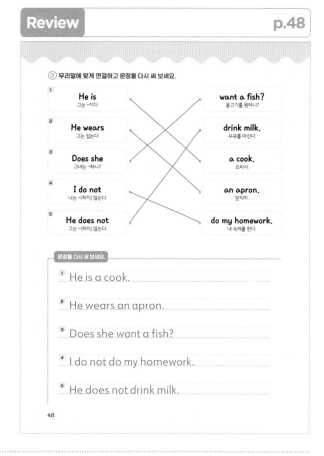

ⓓ 우리말에 맞게 연결하고 문장을 다시 써 보세요.

1 He is 그는 ~이다
2 He wears 그는 입는다
3 Does she 그녀는 ~하니
4 I do not 나는 ~(하지) 않는다
5 He does not 그는 ~(하지) 않는다

want a fish? 물고기를 원하니?
drink milk. 우유를 마신다
a cook. 요리사.
an apron. 앞치마.
do my homework. 내 숙제를 한다

문장을 다시 써 보세요.

1 He is a cook.
2 He wears an apron.
3 Does she want a fish?
4 I do not do my homework.
5 He does not drink milk.

48

Unit 09 I am -ing~ 나는 ~하고 있다

I am read**ing** a book.

I am reading a book.
나는 책을 읽고 있다.

'나는 책을 읽고 있다' 처럼 지금 하고 있는 일은 <am/are/is + 동사ing>로 써요.

Word 1
단어 확인 ▶ 그림을 보고 단어를 따라 써 보세요.

jump rope 줄넘기하다
watch 보다

I am -ing

ride a bike 자전거를 타다
run 달리다

Word Box	jump (점프하다)	watch (보다)	ride (타다)	TV (티비, 텔레비전)
	rope (밧줄)	bike (자전거)	run (뛰다, 달리다)	in the park (공원에서)

50

Word 2
단어 확장 ▶ 우리말에 맞게 단어를 다시 써 보세요.

① jump ➡ I am jumping
나는 점프하고 있다

② watch ➡ I am watching
나는 보고 있다

③ ride ➡ I am riding
나는 타고 있다

④ run ➡ I am running
나는 뛰고 있다

Sentence 1
문장 확인 ▶ 그림을 보고 빈칸을 채워 문장을 완성해 보세요.

① I am jumping rope.
(<u>am jumping rope</u> / is jumping rope)

② He is watching TV.
(<u>is watching</u> / are watching)

③ She is riding a bike.
(<u>is riding</u> / are riding)

④ They are running in the park.
(is running / <u>are running</u>)

51

107

Sentence 2 ▶ 보기처럼 주어진 단어로 문장을 바꿔 써 보세요.

누가? I **am** read**ing** a book. 나는 책을 읽고 있다
She ➡ She is reading a book. 그녀는 책을 읽고 있다

He is -ing~ 그는 ~하고 있다

1 누가? I **am** jump**ing** rope. 나는 줄넘기를 하고 있다
He ➡ He is jumping rope. 그는 줄넘기를 하고 있다

2 누가? I **am** watch**ing** TV. 나는 TV를 보고 있다
We ➡ We are watching TV. 우리는 TV를 보고 있다

3 누가? I **am** rid**ing** a bike. 나는 자전거를 타고 있다
She ➡ She is riding a bike. 그녀는 자전거를 타고 있다

4 누가? I **am** runn**ing** in the park. 나는 공원에서 뛰고 있다
They ➡ They are running in the park. 그들은 공원에서 뛰고 있다

52

I Can Write ▶ 앞에서 배운 것을 복습하는 코너예요.
글을 읽고 따라 써 보고 아랫글도 완성해 보세요.

My family is in the park. 내 가족은 공원에 있다
I am riding a bike. 나는 자전거를 타고 있다
Mom is walking. 엄마는 걷고 있다
Dad is running. 아빠는 달리고 있다
We are having a great time. 우리는 멋진 시간을 보내고 있다

바꿔 써 보기 밑줄을 참조하여 전체 글을 써 보세요.

Word Box
· is jumping rope
· is watching TV
· is reading a book
· are making noise

My friends are at home. 내 친구들은 집에 있다
Mary is watching TV. 메리는 TV를 보고 있다
Matt is reading a book. 매트는 책을 읽고 있다
Jack is jumping rope. 잭은 줄넘기를 하고 있다
They are making noise. 그들은 소음을 만들고 있다

53

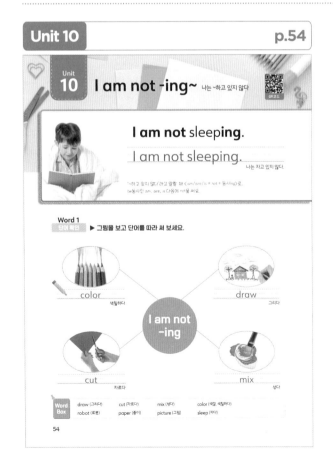

Unit 10 **I am not -ing~** 나는 ~하고 있지 않다

I am not sleep**ing**.
I am not sleeping. 나는 자고 있지 않다

'~하고 있지 않다'라고 말할 때 <am/are/is + not + 동사ing>으로, be동사인 am, are, is 다음에 not을 써요.

Word 1 ▶ 그림을 보고 단어를 따라 써 보세요.

color 색칠하다
draw 그리다

I am not -ing

cut 자르다
mix 섞다

Word Box draw (그리다) cut (자르다) mix (섞다) color (색칠하다)
robot (로봇) paper (종이) picture (그림) sleep (자다)

54

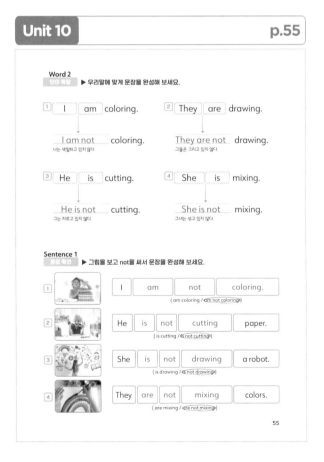

Word 2 ▶ 우리말에 맞게 문장을 완성해 보세요.

1 I am coloring.
I am not coloring. 나는 색칠하고 있지 않다

2 They are drawing.
They are not drawing. 그들은 그리고 있지 않다

3 He is cutting.
He is not cutting. 그는 자르고 있지 않다

4 She is mixing.
She is not mixing. 그녀는 섞고 있지 않다

Sentence 1 ▶ 그림을 보고 not을 써서 문장을 완성해 보세요.

1 I am not coloring. (am coloring / am not coloring)

2 He is not cutting paper. (is cutting / is not cutting)

3 She is not drawing a robot. (is drawing / is not drawing)

4 They are not mixing colors. (are mixing / are not mixing)

55

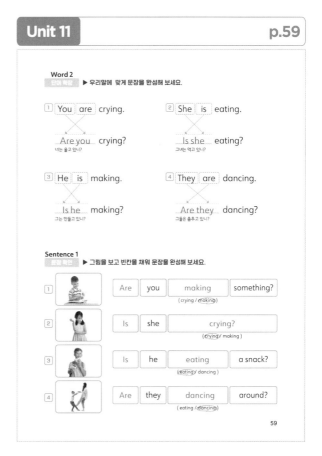

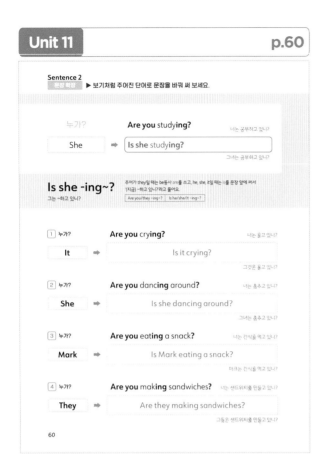

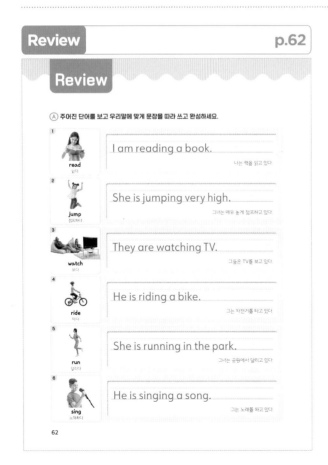

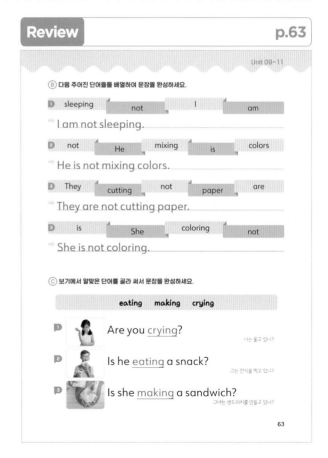

ⓓ 우리말에 맞게 연결하고 문장을 다시 써 보세요.

1	**Is** 있니		**you studying?** 너는 공부하고?
2	**Are** 있니		**am drinking milk.** 우유를 마시고 있다.
3	**They** 그들은		**she sleeping?** 그녀는 자고?
4	**She** 그녀는		**are not coloring.** 색칠하고 있지 않다.
5	**I** 나는		**is dancing around.** 춤추고 있다.

문장을 다시 써 보세요.

1 Is she sleeping?

2 Are you studying?

3 They are not coloring.

4 She is dancing around.

5 I am drinking milk.

64

Unit **12** **It feels~** 그것은 ~하게 느껴진다

It feels soft.

It feels soft.

그것은 부드럽게 느껴진다

보고 느끼고 들리고 맛보고 냄새를 맡는 말을 말할 때 <look/feel/taste/smell>로 써요.

Word 1 단어 확인 ▶ 그림을 보고 단어를 따라 써 보세요.

spicy 매운

sweet 달콤한

It feels

salty (맛이) 짠

fresh 신선한

| Word Box | look (보이다) | taste (맛이 나다) | smell (냄새가 나다) | sound (소리가 들리다) |
| | fresh (신선한) | salty (맛이 짠) | spicy (매운) | sweet (달콤한) |

66

Word 2 단어 확인 ▶ 우리말에 맞게 단어를 다시 써 보세요.

1 fresh ➡ 보이다   look fresh
       신선해 보인다

2 salty ➡ 맛이 나다   taste salty
       짠맛이 난다

3 spicy ➡ 냄새가 나다   smell spicy
       매운 냄새가 난다

4 sweet ➡ 들리다   sound sweet
       달콤하게 들린다

Sentence 1 문장 확인 ▶ 그림을 보고 빈칸을 채워 문장을 완성해 보세요.

1	It	tastes (smells / tastes)	salty.
2	It	smells (smells / tastes)	spicy.
3	It	looks (looks / sounds)	fresh.
4	It	sounds (looks / sounds)	sweet.

67

Sentence 2 문장 확장 ▶ 보기처럼 주어진 단어로 문장을 바꿔 써 보세요.

건강한   I **feel** good.   나는 기분이 좋다

well ➡ I feel well.   나는 건강한 것 같다.

feel + 형용사 ~하게 느껴진다
보고 느끼고 들리고 맛보고 냄새를 맡는 look/feel/taste/smell
다음에는 형용사를 써요.

1 행복한   He **looks** sad.   그는 슬퍼 보인다
happy ➡ He looks happy.   그는 행복해 보인다

2 (맛이) 신   It **tastes** salty.   그것은 짠맛이 난다
sour ➡ It tastes sour.   그것은 신맛이 난다

3 나쁜   It **smells** spicy.   그것은 매운 냄새가 난다
bad ➡ It smells bad.   그것은 나쁜 냄새가 난다

4 웃긴   It **sounds** sweet.   그것은 달콤하게 들린다
funny ➡ It sounds funny.   그것은 웃기게 들린다

68

111

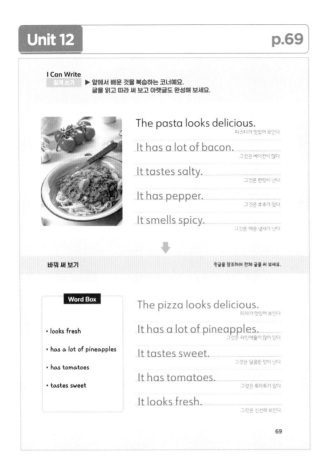

I Can Write
길게 쓰기 ▶ 앞에서 배운 것을 복습하는 코너예요.
글을 읽고 따라 써 보고 아랫글도 완성해 보세요.

The pasta looks delicious.
피스타가 맛있어 보인다.

It has a lot of bacon.
그것은 베이컨이 많다.

It tastes salty.
그것은 짠맛이 난다.

It has pepper.
그것은 후추가 있다.

It smells spicy.
그것은 매운 냄새가 난다.

바꿔 써 보기   윗글을 참조하여 전체 글을 써 보세요.

Word Box
- looks fresh
- has a lot of pineapples
- has tomatoes
- tastes sweet

The pizza looks delicious.
피자가 맛있어 보인다.

It has a lot of pineapples.
그것은 파인애플이 많이 있다.

It tastes sweet.
그것은 달콤한 맛이 난다.

It has tomatoes.
그것은 토마토가 있다.

It looks fresh.
그것은 신선해 보인다.

69

Unit 13 go -ing ~하러 가다

I go biking.

I go biking.
나는 자전거 타러 간다.

하러 가는 일을 말할 때 <go + 동사ing>로 '~하러 가다'라는 의미로 써요.

Word 1
단어 확인 ▶ 그림을 보고 단어를 따라 써 보세요.

fish 낚시하다

hike 하이킹하다

go -ing

camp 캠핑하다

swim 수영하다

Word Box   fish (낚시하다)   hike (하이킹하다)   swim (수영하다)   camp (캠핑하다)
hill (언덕)   river (강)   beach (해변)   mountain (산)

70

Word 2
단어 확인 ▶ 우리말에 맞게 문장을 완성해 보세요.

1 fish ➡ I go fishing.
나는 낚시하러 간다.

2 hike ➡ I go hiking.
나는 하이킹하러 간다.

3 camp ➡ I go camping.
나는 캠핑하러 간다.

4 swim ➡ I go swimming.
나는 수영하러 간다.

Sentence 1
문장 확인 ▶ 그림을 보고 빈칸을 채워 문장을 완성해 보세요.

1 I | go | fishing.
(go fishing / go hiking)

2 I | go | hiking.
(go fishing / go hiking)

3 I | go | camping.
(go camping / go swimming)

4 I | go | swimming.
(go camping / go swimming)

71

Sentence 2
문장 복습 ▶ 보기처럼 주어진 단어로 문장을 바꿔 써 보세요.

교회   I go to school.
나는 학교에 간다.

church ➡ I go to church.
나는 교회에 간다.

go to~
~에 가다   어떤 장소에 간다고 할 때 <go to + 장소>로 써요.

1 공원   I go to the market.
나는 시장에 간다.
park ➡ I go to the park.
나는 공원에 간다.

2 동물원   I go to the library.
나는 도서관에 간다.
zoo ➡ I go to the zoo.
나는 동물원에 간다.

3 해변   I go to the river.
나는 강에 간다.
beach ➡ I go to the beach.
나는 해변에 간다.

4 산   I go to the hill.
나는 언덕에 간다.
mountain ➡ I go to the mountain.
나는 산에 간다.

72

112

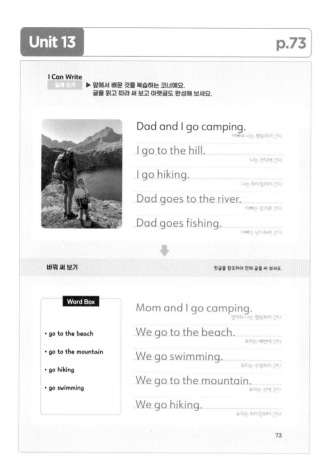

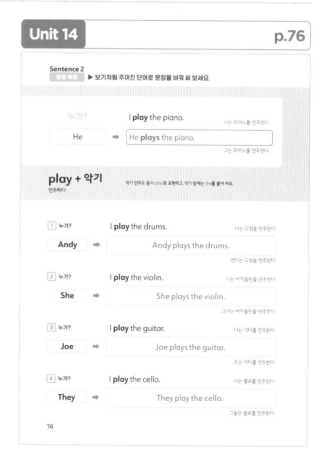

113

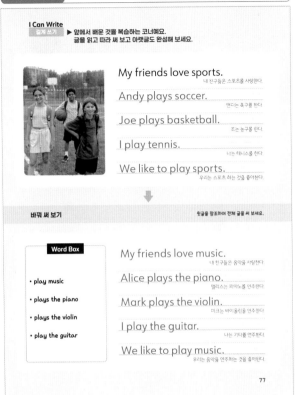

I Can Write
쉽게 쓰기 ▶ 앞에서 배운 것을 복습하는 코너예요.
글을 읽고 따라 써 보고 아랫글도 완성해 보세요.

My friends love sports.
내 친구들은 스포츠를 사랑한다.

Andy plays soccer.
앤디는 축구를 한다.

Joe plays basketball.
조는 농구를 한다.

I play tennis.
나는 테니스를 한다.

We like to play sports.
우리는 스포츠 하는 것을 좋아한다.

바꿔 써 보기 윗글을 참조하여 전체 글을 써 보세요.

Word Box

• play music
• plays the piano
• plays the violin
• play the guitar

My friends love music.
내 친구들은 음악을 사랑한다.

Alice plays the piano.
앨리스는 피아노를 연주한다.

Mark plays the violin.
마크는 바이올린을 연주한다.

I play the guitar.
나는 기타를 연주한다.

We like to play music.
우리는 음악을 연주하는 것을 좋아한다.

77

Review

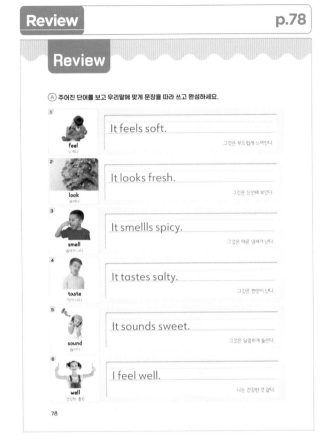

Ⓐ 주어진 단어를 보고 우리말에 맞게 문장을 따라 쓰고 완성하세요.

1. feel 느끼다 — It feels soft.
그것은 부드럽게 느껴진다.

2. look 보이다 — It looks fresh.
그것은 신선해 보인다.

3. smell 냄새가 나다 — It smellls spicy.
그것은 매운 냄새가 난다.

4. taste 맛이 나다 — It tastes salty.
그것은 짠맛이 난다.

5. sound 들리다 — It sounds sweet.
그것은 달콤하게 들린다.

6. well 건강한 좋은 — I feel well.
나는 건강한 것 같다.

78

Review

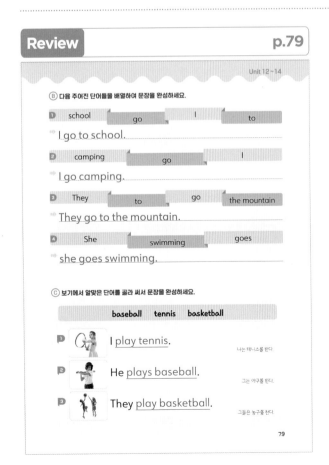

Unit 12~14

Ⓑ 다음 주어진 단어들을 배열하여 문장을 완성하세요.

1. school | go | I | to
➡ I go to school.

2. camping | go | I
➡ I go camping.

3. They | to | go | the mountain
➡ They go to the mountain.

4. She | swimming | goes
➡ she goes swimming.

Ⓒ 보기에서 알맞은 단어를 골라 써서 문장을 완성하세요.

baseball   tennis   basketball

1. I play tennis.
나는 테니스를 한다.

2. He plays baseball.
그는 야구를 한다.

3. They play basketball.
그들은 농구를 한다.

79

Review

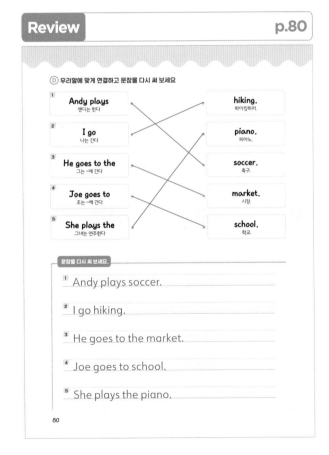

Ⓓ 우리말에 맞게 연결하고 문장을 다시 써 보세요

1. Andy plays 앤디는 한다
2. I go 나는 간다
3. He goes to the 그는 ~에 간다
4. Joe goes to 조는 ~에 간다
5. She plays the 그녀는 연주한다

hiking. 하이킹하러.
piano. 피아노.
soccer. 축구.
market. 시장.
school. 학교.

문장을 다시 써 보세요.

1. Andy plays soccer.
2. I go hiking.
3. He goes to the market.
4. Joe goes to school.
5. She plays the piano.

80

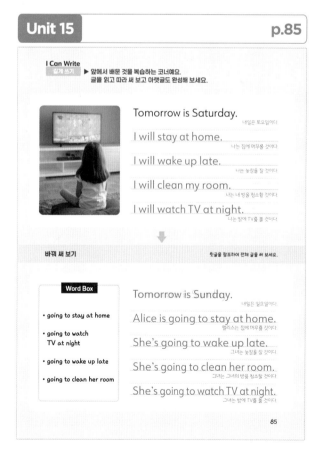

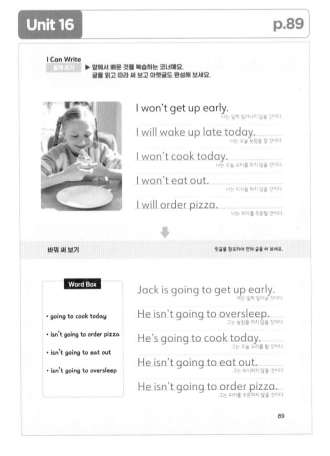

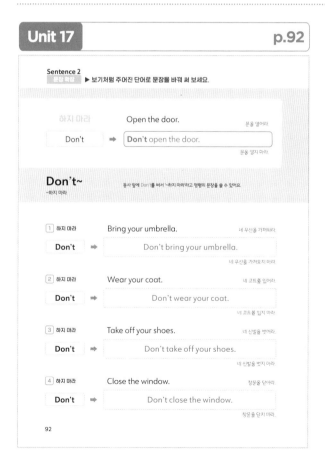

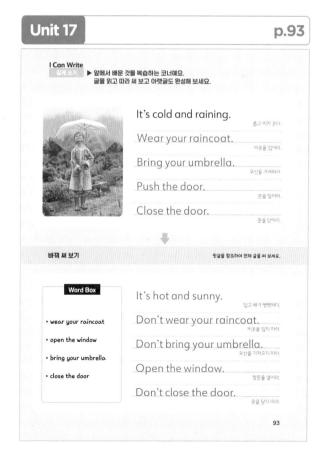

Review

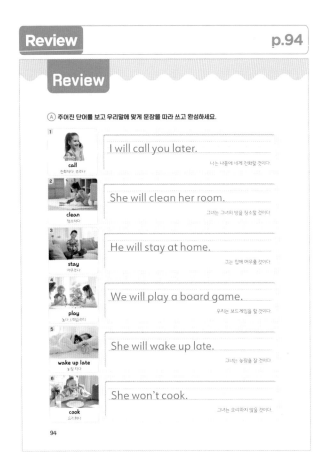

Ⓐ 주어진 단어를 보고 우리말에 맞게 문장을 따라 쓰고 완성하세요.

1 call 전화하다, 부르다
I will call you later.
나는 나중에 네게 전화할 것이다.

2 clean 청소하다
She will clean her room.
그녀는 그녀의 방을 청소할 것이다.

3 stay 머무른다
He will stay at home.
그는 집에 머무를 것이다.

4 play 놀다, (게임을) 하다
We will play a board game.
우리는 보드게임을 할 것이다.

5 wake up late 늦잠 자다
She will wake up late.
그녀는 늦잠을 잘 것이다.

6 cook 요리하다
She won't cook.
그녀는 요리하지 않을 것이다.

94

Unit 15~17

Ⓑ 다음 주어진 단어들을 배열하여 문장을 완성하세요.

1 won't | go | I | there
I won't go there.

2 He | get up | early | won't
He won't get up early.

3 pizza | won't | She | order
She won't order pizza.

4 salad | They | won't | have
They won't have salad.

Ⓒ 보기에서 알맞은 단어를 골라 써서 문장을 완성하세요.

> Take off   Wear   Open

1 Open the door.
문을 열어라

2 Wear your coat.
코트를 입어라

3 Take off your shoes.
너의 신발을 벗어라

95

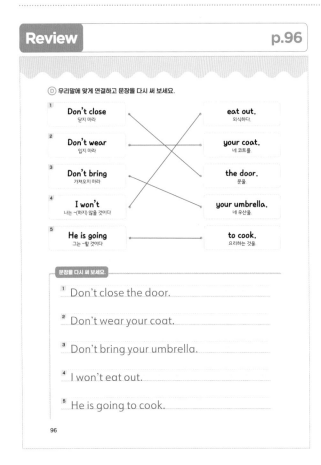

Ⓓ 우리말에 맞게 연결하고 문장을 다시 써 보세요.

1 Don't close 닫지 마라
2 Don't wear 입지 마라
3 Don't bring 가져오지 마라
4 I won't 나는 ~(하지) 않을 것이다
5 He is going 그는 ~할 것이다

eat out. 외식하다.
your coat. 네 코트를.
the door. 문을.
your umbrella. 네 우산을.
to cook. 요리하는 것을.

문장을 다시 써 보세요.

1 Don't close the door.

2 Don't wear your coat.

3 Don't bring your umbrella.

4 I won't eat out.

5 He is going to cook.

96

'공부 습관'이야말로 가장 큰 재능입니다.
재능많은영어연구소는 최고의 학습 효과를 내는
최적의 학습 플랜을 고민합니다.

소장 **윤미영**

경희대학교 영문학과와 같은 대학에서 석사학위를 받았습니다. 20여 년 동안 지학사, 디딤돌, 키 영어학습방법연구소, 롱테일 교육연구소에서 초등생과 중고생을 위한 영어 교재를 기획하고 만드는 일을 해 왔습니다. 베스트셀러인《문법이 쓰기다》,《단어가 읽기다》,《구문이 독해다》, 혼공 시리즈《혼공 초등 영단어》,《혼공 초등 영문법》, 바빠시리즈의《바빠 초등 필수 영단어》등을 집필했습니다.

초등영어 쓰기독립 문장 쓰기 1

1판 1쇄 발행일 2025년 2월 17일

지은이 재능많은영어연구소

발행인 김학원
발행처 휴먼어린이
출판등록 제313-2006-000161호(2006년 7월 31일)
주소 (03991) 서울시 마포구 동교로23길 76(연남동)
전화 02-335-4422 **팩스** 02-334-3427
저자·독자 서비스 humanist@humanistbooks.com
홈페이지 www.humanistbooks.com
유튜브 youtube.com/user/humanistma
페이스북 facebook.com/hmcv2001 **인스타그램** @human_kids

편집주간 황서현 **편집** 이서현 김혜정 **원어민 검토** Sherwood Choe
표지 디자인 유주현 **본문 디자인** PRISM C **음원 제작** 109Sound
용지 화인페이퍼 **인쇄** 삼조인쇄 **제본** 해피문화사

ⓒ 재능많은영어연구소·윤미영, 2025

ISBN 978-89-6591-604-8 64740
ISBN 978-89-6591-589-8 64740(세트)